メタバースetc
↑
サロン
↑ 疎
つながり集い
↓ 密
フレンドリーコミュニティ
生活共同体コミュニティ
生産共同体コミュニティ(農業など)
財政共同体コミュニティ

【財政基盤】
会費／共同生産／
共有財産／
ベーシック・インカム
【許容度】
選別アリ／ナシ
成長の場?
【性の文化をどう熟成させるか?】
↓
シェアハウス
↓
拡張家族

コミュニティ・ソース
コミュニティ・アンカー

エゴが暴走する資本主義社会から脱却したい!			不自由な共生(がまん)	自然な共生
共産主義革命	カウンターカルチャー	社会の大変革	村社会・上下関係 しがらみ・忖度・強制・干渉 同調圧力・慣習への隷属 異端を排除・うっとうしい付き合い コントロール・制扼が強い 依存	自主性(存在)の尊重 多様性を受容(安心・安全な場) コントロール・制扼が弱い 構成員のレベル? 自由な共生はあり得るか?
100年前 階級闘争理論 コルホーズ ソフホーズ 連合赤軍	50年前 1969ウッドストック(40万人) アクエリアス革命 解脱・悟り・LSD ヒッピーコミュニティ オウム真理教団	いま 人類の意識の進化 エネルギーの変遷 アセンション (選民思想) コミュニティー・ブーム		

コミュニティ = 顔と名前がわかる集り(信頼・共生・共助・ダイバーシティを求めて・・・)　意識の成長の場?

RED(ワンマン)	AMBER(依存)	ORANGE(独立した自我)	GREEN(エゴをコントロール)	TEAL(シャドーを統合)
スパイラル・ダイナミクス	生存のレベル	(才能・能力・貢献)	実存的変容	存在のレベル
エゴむきだし →	情+支配 →	戦う力 → 社会的病理を処罰で防ぐ(「痛み」を抑圧する)	戦う力 + 融和力 → 社会的病理がない社会を目指す(「痛み」を消そうとする)	融和力 社会的病理を浮上させ、直面する(「痛み」を浮上させ、直面する)
ワガママな人 →	従順な人 →	道徳的な人 →	いい人(装い) →	ダメ人間をさらせる(全体性)
強制的共生 →	不自由な共生 → 親分・子分関係　濃厚な関係性	統制された共生 → 都会・自由・孤独　希薄な関係性	比較的自由な共生 →	自然な共生
ワンマン経営 →	家父長型大家族主義経営 →	合理主義経営 → 合理的・論理的	『人間性尊重型大家族主義経営』(内外出版) →	ティール経営
強権コミュニティ →	村社会 →	シャドーの投影としてのコミュニティ = 今の社会のアンチテーゼ →	フレンドリーコミュニティ → 生活共同体コミュニティ ↓	拡張家族 → 法律的な家族の単位
強権的支配	教条的・伝統重視・宗教的	道徳・倫理・規律・役割	関係性重視	存在の尊重
オウム真理教	アーミッシュ アシュラム やくざ社会	新しき村 一燈園	CSA (Community Supported Agriculture) フィンドホーン ホリーホック オーロヴィル	はっぴーの家ろっけん ベテルの家

無意識に巣くうモンスターたち

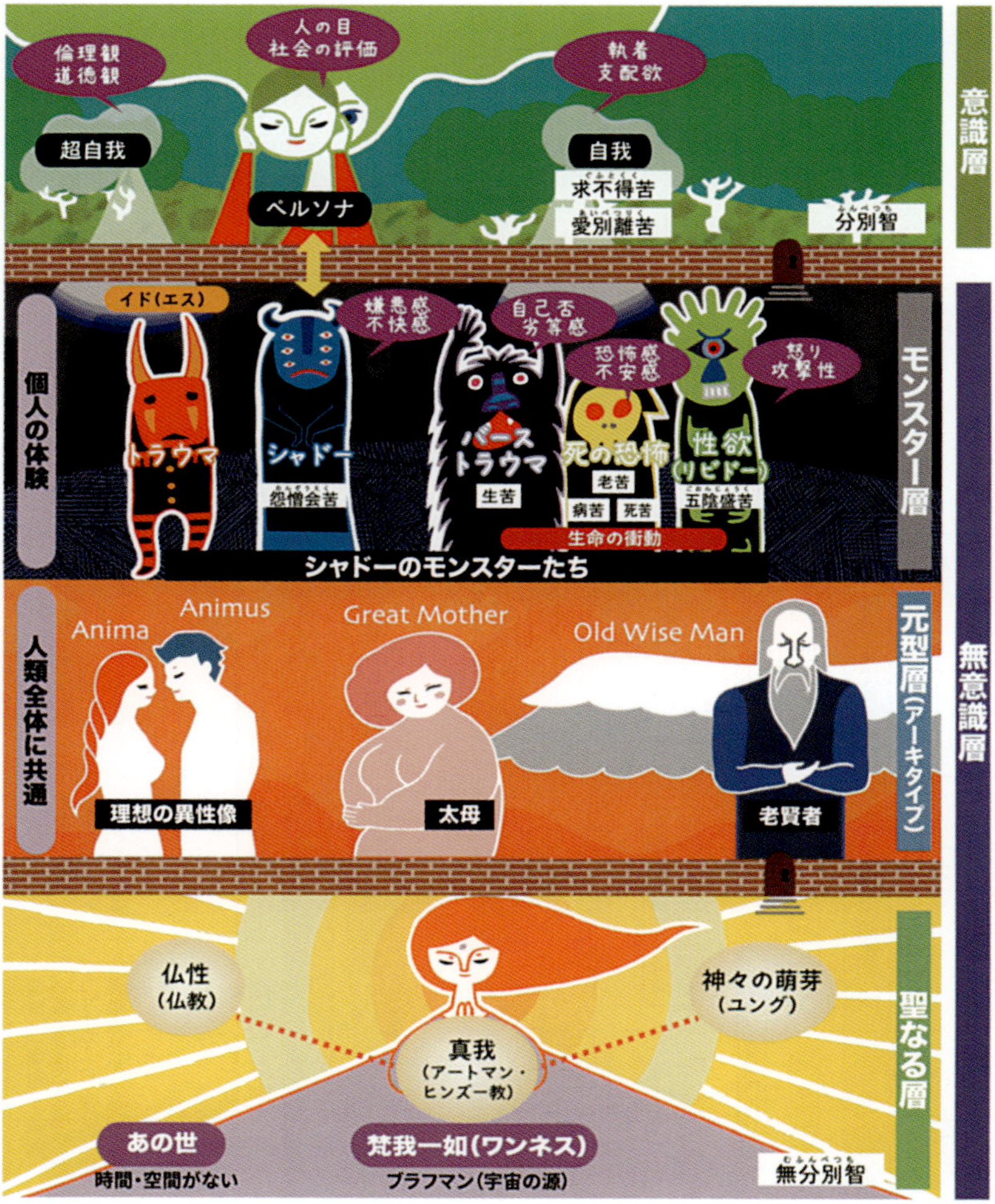

シン・コミュニティ論

「社会という怪物」と格闘する人々への希望

天外伺朗
Tenge Shiroh

内外出版社

まえがき

あなたはいま、**自分を取り巻いている「社会」**をどうとらえているでしょうか？

あまり意識したことはないかもしれませんが、あらためて見てみると……「いろいろあるけど、まあこんなもんだろう！」……というのが、ほとんどの方の感想でしょう。

ところが、いつの世でも、どんな社会でも、「これではいけない！」と運動を始める人たちがいます。それが、**「革命を起こす」**、あるいは**「コミュニティを創設する」**などの活動につながります。

約１００年前の共産主義革命はその典型でしょう。50年前のカウンターカルチャーは、社会の改革運動ですが、同時に星の数ほどのコミュニティが乱立して次世代社会の在り方が模索されました。

人が集まればコミュニティができます。町内会や趣味の集まりもコミュニティでしょう。ところが、そういう自然発生的なコミュニティとは別に、ある意図をもって、特定の人を囲い込んだコミュニティもあります。

カウンターカルチャー時代の**ヒッピー・コミュニティ**は、フリーセックス、あるいはポリフィデリティー（多夫多婦制の家族形態）を実行し、共同子育て、お財布の共同化など、世の中の一般的な常識をはるかに超えた、新しい社会の在り方が模索されました。

このカウンターカルチャーという大きなムーブメントは、理不尽なベトナム戦争への反発のエネルギーが爆発した現象だったといわれています。

さて、いま日本の各地で、すさまじい勢いでコミュニティが生まれつつあるのは、ご存知でしょうか？

ベトナム戦争のような強烈なトリガーは、日本にはなかったのですが、それでも若者たちが次々にコミュニティを立ち上げています。あるいは、２０１１年3月11日の大災害や、コロナ禍がトリガーになっているのかもしれません。

いままで共産主義革命、カウンターカルチャーと二度の大きなうねりがありましたが、**欲にまみれてエゴが暴走しがちな、いまの資本主義社会からの脱却**というのが共通のテーマでした。いずれも、空振りに終わったようにも見えますが、いま、三度目のうねりが日本社会中心に来ているのかもしれません。これから、どう進展していくのでしょうか？

多くの方が、ご自身の意識レベルや、その成長・発達については興味を持ちますが、**人類全体の意識の成長・進化**には関心を向けません。でも、じつはそれが**社会進化の原動力**になっています。

社会は必ず進化するものであり、その方向性がいままで散々いわれてきたように**「エゴの暴走からの脱却」**だとしたら、今回の三度目のうねりが、ホップ・ステップ・ジャンプとなって大きな社会変革につながるかもしれませんよ。

もし、そうだとしたら、その様子をちょっと覗いてみたいと思いませんか？

人が集まり、一定の人数を超えると、その集団自体が生命力を持ちます。それを私たちは「社会」と呼んでいます。「社会」には必ず「枠」が生まれ、その中で暮らすと楽に生きていけるのですが、同時に様々な制約を個人に課してきます。時間がたつと「枠」が**モンスター**に育ってきます。

私たちは**「資本主義社会」というモンスター**を、辛うじて飼いならしてきたのですが、それに我慢できない人々が、共産主義革命を起こし、あるいはカウンターカルチャーに走った、ともいえます。そして、その歴史を体験していない若い世代が、日本社会全体の変革ではなく、コミュニティという小さな単位で、**「枠」の再構築に取組んでいる**、という構図が見えてきます。

ところが、いくら小さな単位でも、やはりモンスターが育ってきます。社会のモンスターに嫌気をさして、それから逃れるために造った小さなコミュニティで、またモンスターに出くわしてしまうのです。

これが人間という生き物が持っている「性《さが》」であり、カウンターカルチャー時代に星の数ほどもあったコミュニティのほとんどが滅んでいった理由でもあります。

本書では、その秘密を**「心の闇の力学」**という概念で読み解いていきます。私たちは、心の底にモンスターを抱えており、それが社会をモンスター化させていく要因だ、というのが「心の闇の力学」のエッセンスです。

本書では、この概念をベースに**「人類の意識の進化」**と、**それに伴う「社会の進化」**というとてつもない大きなテーマに取り組んでいきます。

本書は、コミュニティを運営している方、興味を持っている方には、直接的に大いに参考になると信じています。おそらくいままで、どこでも語られることのなかった人間の微妙な深層心理と、集団としての社会との関係を詳細に紐解《ひもと》いているからです。これは、カウンターカルチャー時代に、おびただしい数のコミュニティが滅んでいくのをリアルタイムで目撃した私たちの世代でないと書けないでしょう。

コミュニティに関心がない人も本書を手に取っていただくと嬉しく思います。コミュニティという、扱いやすい小さな人間集団を題材に、個人の深層心理と人間集団の深いダイナミクスを明らかにしていますが、それはどの立場のどんな人の人生にとっても共通のテーマです。

社会の中で生きているあなたにとって、本書が希望の光になることを祈念しています。

天外伺朗

「次世代社会のひな型」はあるのだろうか？

シン・コミュニティ論　目次

1. プロローグ

60年代の学生運動とカウンターカルチャー

私が大学に入った1960年は、いわゆる「60年安保」真っ只中、学生たちは授業に出ず、毎日デモに明け暮れていました。機動隊と戦って逃げかえってきた学生リーダーはヒーローに祭り上げられ、講堂で報告会を開くと、あふれる聴衆の熱気の中で拍手喝采《はくしゅかっさい》でした。学生たちのほとんどは左翼思想に染まっていたと思います。

私自身も左翼にほのかに共感していましたが、やたらに語尾を跳ね上げる演説スタイルや、激しく闘争的な言動には違和感を覚え、かなり引き気味で、デモも一回しか参加しませんでした。

社会党の浅沼稲次郎《あさぬまいねじろう》委員長が舞台の上で刺殺されたり、東大生の樺美智子《かんばみちこ》さんがデモ中に亡くなったり、刺激的な事件が多くありました。

1. プロローグ

１９６４年には「株式会社ソニー」に入社しましたが、労働組合運動が盛んで、ストライキがあると会社の入り口は赤旗であふれかえっていました。社員のほとんどは労組にも共感し、同時にサラリーマンとして会社側の立場もあり、その葛藤に悩んでいました。

１９６０年代の日本は、左翼寄りの人の方がはるかに多かった印象です。その熱気に一挙に水を差したのが連合赤軍事件です。

武力闘争路線を放棄した日本共産党に反発して結成されたのが連合赤軍です。内部抗争で複数の殺人を犯した後、警察に追われて妙《みょう》義《ぎ》山《さん》にこもりました。そこで軍事訓練を実施、「総括」と称する自己反省を強要する中で12名がリンチで殺害されました。そこから脱走したメンバーが１９７２年２月には、あさま山荘という宿泊施設に人質を取って10日間籠り、銃撃戦で３名が死亡しました。

左翼運動が下火になってくると、運動家たちは**カウンターカルチャー**にシフトしていきました。つまり、共産主義革命運動とカウンターカルチャーは、独立した運動ではなく、同じ人が移動していったケースが結構多かったのです。両方とも**「エゴの暴走からの脱却」**が看板です。

左翼運動家の学生たちは就職できず、農業をやったり、コミュニティを造ったり、独立してIT業界で飯を食うなり、苦労していました。

エゴの暴走からの脱却とコミュニティのゆくえ

私は、UCバークレーの学生が開発した無料の「バークレーUNIX」という、当時は唯一インターネットをサポートしたOSを積んだワークステーション（専門家向けコンピュータ）を開発して1987年から商売を始めましたが、当時その業界はカウンターカルチャー一色でした。

著作権のことをコピーライトといいますが、その正反対のコピーレフト権、つまりソフトウエアは人類共通の財産なので、無料でソースコードを開放すべきで、それを改良した人も必ず無料で公開する、という文化でした。

IT業界全体がカウンターカルチャーに染まっている中で、金儲けに邁進するマイクロソフトは、ものすごい勢いで増悪の対象になっていました。日本人だとちょっと口にするのがはばかれるような過激で辛辣なビル・ゲイツジョークがいくつも流布していました。

1. プロローグ

世界中どこに行っても、街にはヒッピーが満ちあふれ、若者はサイケデリックな服装を好みました。

カウンターカルチャーの終焉を象徴する出来事としては、日本ではオウム真理教の事件があります。

「オウム真理教」という宗教団体は、1987年に設立されました。最盛期には、日本に15000人、ロシアに35000人の信者を抱え、1400人の出家信者が富士山のふもとなどでコミュニティを運営しておりました。

人類全体が解脱するというカウンターカルチャーの流れを汲んでおり、社会改革を自分たちがリードするという思想のもとに、ヨーガや瞑想などの修行に励みました。

第39回衆議院議員総選挙に惨敗したあと、あれは不正選挙だった、国が「悪の権化」に汚染されているとして、国家転覆計画に走り、1995年3月20日の地下鉄サリン事件を引き起こしました。その他にも、脱会しようとした信者や反対派の弁護士一家など、多くの殺人を犯しています。

「連合赤軍」は階級闘争としての共産主義革命、「オウム真理教」は人類の覚醒というカウンターカルチャーの思想のもとに、両方とも「エゴの暴走からの脱却」という看板を掲げて、より良い社会を目指していたコミュニティでした。決して欲に目がくらんで、金儲けをしようとしていたのではなかったのです。

それがいつの間にか犯罪集団に落ちていった……つまり「エゴの暴走からの脱却」のつもりが、エゴに乗っ取られてしまった……という現象です。

これが人間心理の神秘であり、コミュニティや社会を論じるときに無視してはいけない要素です。カウンターカルチャー時代の星の数ほどのコミュニティが滅んでいったのも、ほとんど同じメカニズムでしょう。この要素は誰でも持っており、決して特別な犯罪集団固有のものではありません。

巻頭のコミュニティ・チャートの左上に100年前の共産主義革命、50年前のカウンターカルチャーと「連合赤軍」「オウム真理教」の関係を示します。

その「エゴの暴走からの脱却」について、もう少し具体的に見ていきましょう。

人は誰しもが「誰かのために尽くしたい」という慈悲の心を持っているのですが、いまの競争社会は、とかく「エゴの追求」に傾きがちです。

うばい合えば足りぬ　分け合えばあまる（相田みつを）

これは誰でもわかっていることですが、なぜか奪い合ってしまうのが人間の性《さが》なのでしょう。2020年のコロナ禍の初期に店頭からマスクやトイレットペーパーが消えましたが、全体として足りないというよりは、各自が過剰なストックを確保したからではないかといわれています。

人は「エゴの追求」に走ることは、きわめて自然であり、そこから逃れることはできません。**巻頭の「モンスター図」**を見ていただくと、意識レベルに「自我」と書いてあります。「自我」の英訳が「エゴ＝ＥＧＯ」です。

心理学者により、多少定義は違いますが**「自我」の特性**はおおむね次ページのようになります（1天外伺朗『マネジメント革命』講談社、2006年、Ｐ156）。このうち1～5は、「自我（エゴ）」の自己中心的な特性です。6は、それとは違って「調整」という機能も持っているのですが、これに関しては後程説明します。

自我（エゴ）の基本特性

1. 際限なく肥大し、支配できる範囲を拡大しようとする。
2. 他から管理され、支配されることを嫌う。
3. 自分以外のすべての外界や人を、基本的には嫌う。
4. すべてを自分の利益や快適さへの貢献という価値観から発想し、取引をする。自己中心的。
5. 愛はなく、執着のみ。
6. シャドーのモンスターから昇ってくる原初的な衝動と、「こうあるべきだ」という「超自我」や「ペルソナ」の規制を調整し、実行する行動を定める。

このうち1〜5は、人間の個体保存本能から出てきているので、きわめて本質的な特性ともいえます。この後の章で紹介するいくつかのコミュニティでは、この特性を**「あってはいけないもの」「人間の本質から外れたもの」**と、捉えています。じつは、このような「エゴを否定する」姿勢が、かえって「エゴ」をのさばらせてしまうひとつの要因だ、ということを2章、4章でお話しします。

もちろん、この1〜5の特性だけで生きていたら、それこそ「エゴ丸出し」で嫌われてしまい、社会生活はうまくいきません。

人間は社会性のある動物ですから、これと正反対の**「こうあるべきだ」**という姿を演じます。それを**「ペルソナ（仮面）」**と呼びます。「いい人」「良き隣人」「立派な社会人」などの仮面をかぶって私たちは生きているのです。会社では「課長」、家に帰れば「お父さん」や「夫」など、さまざまな「仮面」を自動的に付け替えて私たちは生きています。

巻頭のモンスター図を見ていただくと、意識レベルにもうひとつ**「超自我」**というのがあり、倫理観、道徳観と書いてあります。これは幼少期の親からのしつけに始まって、社会に適用するように自分を規制する働きです。「ペルソナ」と同じく「こうあるべきだ」というのがベースにありますが、こちらは「善：悪」を区別する線引き、理性でコントロールする行動規範になります。

このような「ペルソナ」や「超自我」などは、生まれてきた後で理性と論理で形成していくものなので、人間にとってあまり本質的な特性とはいえません。

「エゴの暴走」というのは、自己中心的な「自我」の欲求を「ペルソナ」や「超自我」つまり理性が抑えきれなかったという状況です。人間にとって本質的な「自己中心性」と後から獲得した「理性」の対決といえます。

人間は、意識レベルしか自分ではわからないので、あらゆる行動を「自我」からの欲求と「ペルソナ」や「超自我」による規制の対立というパターンで読み解こうとします。

2023年「コミュニティを深堀りするフォーラム」で訪問した**「SAIHATE」**というコミュニティ（12章）のマネージャー**坂井勇貴**《さかいゆうき》は、『タダの箱庭』という本を1万冊印刷し、それを流通させる、というプロジェクトを進めています（市販されていないので参考文献には挙げません）。総勢80人のインタビュー記事からなる大型の本で、これがギフト的に流通することにより、次第に「お金のない世界」へシフトしていくことを願っているようです。

坂井勇貴がベースにしているのは「行動経済学」であり、人間が判断の基準にしている次のふたつの物差しを……「ふたつに世界で生きている」……と表現しています。

1.「市場規範」：「損が得か、儲かるか、儲からないか」という物差し。

2.「社会規範」：「人としてあるべき姿」という物差し。弱者に手を差し伸べるなどの例

これを、心理学的な表現で語ると：

「市場規範」＝「自我（エゴ）」

「社会規範」＝「ペルソナ」＋「超自我」

……となります。対決構造で示すと次のようになります（対決構造❶）。

対決構造❶

市場規範「自我（エゴ）」 ⇔ 社会規範「ペルソナ」＋「超自我」

この場合の「自我」は、上記の1～5、つまり**「自分本位」を貫く特性**を表しています。

このような意識レベルの構造というのは、ハンドルをどちらに切るかという方向性、あるいは道を示しています。それに対して無意識レベルからは実際の行動に移る推進力が与えられます。

　その中でも、「こうあってはいけない」と、無意識レベルに抑圧した「シャドーのモンスター」からのネガティブな衝動や情動が、抑圧したにもかかわらず浮上してきて、強力な推進力になっています。「シャドーのモンスター」は「怖れと不安」の源であり、「戦う力」が湧いてきます。人々は「怖れと不安」という推進力に駆られて走り出すのです。

　エゴの自己中心的な諸特性も、「あってはいけない」と理性（ペルソナ＋超自我）で抑圧されるので、「シャドーのモンスター」の中に埋没しています。つまり、理性が「道」だったのに対し、抑圧されたので「推進力」に変化しているのです。

　そうすると、対決構造はこのようになります。この場合の「自我」は、前掲した特性の6＝調整機能、になります。

対決構造❷

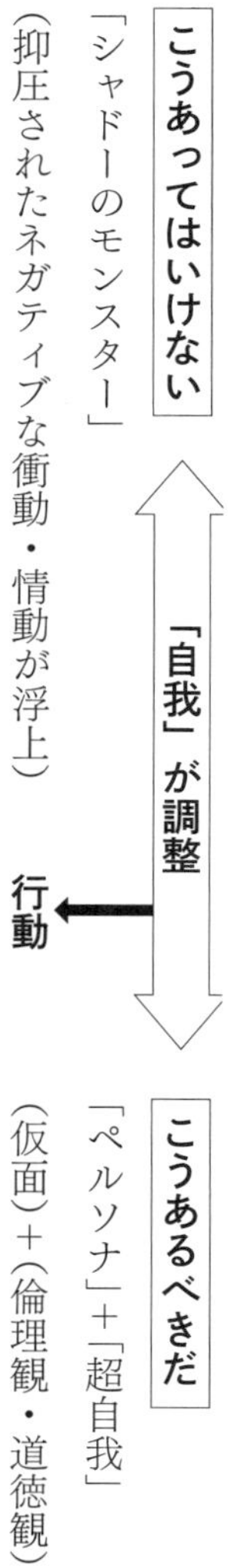

これは、「ペルソナ」＋「超自我」が道なのに対して、「シャドーのモンスター」は推進力になります。道と推進力の対決、というちょっといびつな構造になります。

フロイトは抑圧された性欲だけで人間の無意識を読み解こうとしましたが、ユングは、そのさらに奥に**「神々の萌芽《ほうが》」**が眠っていることを発見しました。これはヒンズー教の**「真我（アートマン）」**に対応しており、**「無条件の愛」**の源です。そこからは、融和力、共感力などの力が湧いてきます。

理性（ペルソナ＋超自我）が後から獲得した「道」なのに対し、「真我」は「推進力」であり、人間なら誰しも備えている最も本質的な愛の力です。本当は、坂井勇貴も「社会規範」＝理性のような人間にとって本質的ではない特性を挙げないで、「真我」のことを語りたかったのではないかと思います。

推進力同士の対決構造は、このようになります。

対決構造③

戦う力	⇔	**融和力・共感力**
「シャドーのモンスター」		「真我（アートマン）」

心理学というのは、人間の行動原理を説明しようとして、いろいろな概念を捏造《でつぞう》し、動作原理を究明しようとしてきました。しかしながら、人間はそのような部品で成り立っているのではなく、もともと全体としてひとつのまとまった存在です。

したがって、前述した「対決構造」というのは、そういう構造が別々に存在するのではなく、単に行動原理を説明するときのメカニズムを様々に深掘りしているだけです。しかしながら、**対決構造❶⬇対決構造❷⬇対決構造❸**という順番で、より本質的な行動原理の説明になる、というのが心理学の教えです。

「シャドーのモンスター」や「真我（アートマン）」というのは無意識レベルの存在なので私たちには見えません。目に見えない、このような概念が、人間行動を決定する推進力になっている、ということを深層心理学が解き明かしてきたのです。

本書では、これ以降「シャドーのモンスター」⇕「真我（アートマン）」という推進力同士の対決構造❸に焦点を当てて議論を展開します。

2章「心の闇の力学」では、その議論の詳細と、「エゴの暴走からの脱却」を目指していたコミュニティが、なぜか「エゴ」に乗っ取られてしまうという、カウンターカルチャー時代に星の数ほどもあったコミュニティのほとんどが滅んでいった理由を解説します。

このように深層心理的な立場からコミュニティの問題を詳しく論じた例は、本書が初めてかもしれません。今後、これを抜きにコミュニティを語ることはできないでしょう。

天外が深堀りしたいのは「ディープ・コミュニティ」

さて、本書で扱うコミュニティに関して、私なりの分類をお話しておきましょう。まず、最初の分類はこのふたつです。

◎フレンドリー・コミュニティ

◎ディープ・コミュニティ

最近メタバースが話題になっていますが、これは仮想空間上のコミュニティであり、人々の関係性は限りなく希薄です。それよりもちょっと関係性が深いサロンという存在があります。

コロナ禍以来zoomが普及し、オンライン・サロンがすさまじい勢いで生まれました。これは、限られた時間、画面越しに対話をするので、あまり自らの内面をさらす必要性がありません。

リアルな集まりでも、週一程度集まって、親睦を深める目的のコミュニティが多いですね。農業など、様々な活動を行っても、生活に直結しないで趣味の範囲にとどまっている間は、その時だけ装えばいいので、関係性が深いとはいえません。

前記のメタバース、オンライン・サロンなども含めて、このように関係性が希薄なコミュニティを**「フレンドリー・コミュニティ」**と呼ぶことにします。

関係性が浅くても、ギスギスした営利社会の生活に疲れた人たちが寄り合い、心を通わせ、癒しと安らぎが提供されるという意味では十分に意義はあります。

でも、関係性が浅ければ「いい人」という装いが何とか通用してしまい「心の闇の力学」の出番はありません。機能的には、趣味の集まりや親睦団体、スポーツ選手や芸能人のファンクラブなどと同じジャンルに分類できます。趣味の集まりも立派なコミュニティです。

本書では、「フレンドリー・コミュニティ」は対象外とします。

それよりも、関係性の深いコミュニティを「**ディープ・コミュニティ**」と呼ぶことにします。それをさらに3つに分類します。本書の対象はこの3つに限ります。

・生活共同体コミュニティ（シェアハウスを含む）
・生産共同体コミュニティ（生活の糧として農業などにコミュニティ全体で取り組む）
・財政共同体コミュニティ（皆のお財布が共通化されているコミュニティ、あるいは、コミュニティ通貨が発行されているとしたら、それが生活の主要な%を占める場合）

さらに、コミュニティの機能として次の分類をもうけました。

・次世代社会のひな型
・シェルター（社会的弱者、社会不適合者）
・降りてゆく生き方（激しい競争社会からドロップアウトした人を優しく抱きとめる）
・拡張家族（家族というまとまりが、血のつながりやセックスのつながりとは無関係に、柔軟に出入り自由で、本人の自主性を100％尊重して成立できないか、という提案）

2. 心の闇の力学

心の闇が反映された現実

あなたは、自らの心の奥底に抱えている**「闇」**をご存知でしょうか？

これは、人間なら誰しもが抱えており、あなただけが例外ということはあり得ません。その「闇」を探求することで、深層心理学という学問が発達してきました。

ちょっと、常識はずれのお話をすると、外側に現れる様々な不都合な現実は、偶然出くわしたのではなく、あなたの内側の**「心の闇」**が反映したにすぎない……つまり、皆さん、人生をよりよくしようとして、一生懸命に外側に働きかけますが、それは空しい努力であり、不都合な現実が外側に現れる本当の要因は、内側の「心の闇」だということです。

精神が病んだ人を癒すサイコセラピーは、その「心の闇」としっかり直面する方法論が多く使われます。そして、この「心の闇」が、「赤軍派」や「オウム真理教」のような犯罪集団を生みました。

さらには、これがカウンターカルチャーの時代に星の数ほどもあったコミュニティのほとんどが、滅んでいった要因にもなっています。以下、その滅んでいった要因を掘り下げてみましょう。もう半世紀も前の話であり、すでに語りつくされた感がありますが、コミュニティをテーマとした本で、この話題は避けて通れません。

カウンターカルチャーというのは、ハーバード大学心理学科の教授だった、**リチャード・アルパート**（=ラム・ダス、1931~2019）と**ティモシー・リアリー**（1920~1996）の2人による「LSDで人類の意識が覚醒する」という主張が核になっていました。

たしかに、LSDは人々に手軽に神秘体験、瞬間的な意識の拡大、芸術的な能力向上などをもたらしました。しかしながら、そのトリップから出てきてしまえば元の木阿弥《もくあみ》で、「悟り」でも何でもなく、逆に精神障害や犯罪者を生むことが発見され、最終的には法律で禁止されてしまいました。

多くのヒッピー・コミュニティがLSDによるトラブルに見舞われました。禁止された後でも、オウム真理教などでは盛んにLSDが使われていました。オウム真理教が犯罪者集団になってしまった要因のひとつだったかもしれません。

また、一夫一妻制の結婚制度から脱却し、性を自由化し、父親を特定することなく、コミュニティ全員での共同子育て、というひとつの理想的な社会像が語られました。

その背景には、フロイトの弟子の**ヴィルヘルム・ライヒ**（1897～1957）が現代社会における「性の抑圧」が犯罪の温床になっている、という学説の影響もありました。カウンターカルチャーは、既存の社会の倫理、道徳、常識などに対して、ことごとく対抗しようとしていたので、これもまた、トライアルのひとつだったのでしょう。

しかしながら、実際のコミュニティの運営では必ずしも理想通りにはいかず、まだ人々の意識の中に「独占欲」や「嫉妬心」が残っていた集団では数々のトラブルを生みました。また当時の一般社会の道徳から、あまりにもかけ離れていたために嫌われ、排斥される要因につながりました。

このように、ドラッグとフリーセックスがカウンターカルチャー時代のコミュニティ滅亡の原因だった……とする一般の通説は間違いではありません。しかしながら、これだけで説明を完結させてしまう議論は、いささか無理筋で、他にもいくらでも要因が考えられます。むしろ、そういう個別の要因を超えて、もっとはるかに大きな意識の流れが背景にあったのではないか、というのが本章での主題です。それを少しずつ、ご説明しましょう。

シャドーのモンスターとは？

巻頭のモンスター図をご覧いただくと、フロイトが最初に発見した**「抑圧された性欲」**の他に**「死の恐怖」**とか、いくつかのモンスターが描いてあります。

「バーストラウマ」というのは、母親の子宮を強制的に追い出されたがために、誰しもが負っているトラウマで、フロイトの弟子の**オットー・ランク**（１８８４〜１９３９）が「出生外傷論」として発見しました。

この図では、５匹しか書いておりませんが、誰しもが親のモンスターとか嫌味な上司のモンスターとか、何百匹ものモンスターを抱えている、というのが人間の実態です。すべてが抑圧されたネガティブな情動や衝動であり、心理学では「シャドー」といっていますが、抑圧されると巨大化することから私は**「シャドーのモンスター」**と呼んでいます。

一般に、「嫌悪感」というのは、この「シャドーのモンスター」から出てくることが知られています（2）。どういうことかご説明しましょう。

「あってはならない」と無意識レベルに抑圧して押し込んだ衝動や情動が蓄積して膨れ上がったのが「シャドーのモンスター」なので、限りなくネガティブです。

無意識レベルに抑圧しているので、表面的な意識では、あたかもないように思えていますが、それでも密かにフツフツと「シャドーのモンスター」から、ネガティブな何か（＝「嫌悪感」）が立ちのぼってくるのです。

そうすると本人は、それが外側に見えている何者かの特性だ、と勘違いします。

これを心理学では「シャドーの投影」と呼びます（本書では「シャドーのモンスターの投影」）。

私たちは、外界にある人物や出来事に「嫌悪感」を抱きますが、それとまったく同じ特性を「シャドーのモンスター」として自らの内側に必ず抱えている、ということです。

感じているネガティブな情動は、１００％内側から出てきており、外界にある人物や出来事は、極論すれば、単にそれを引き出すためのトリガーにすぎない、ということになります。

内側に「シャドーのモンスター」を抱えているものだから、それを吐き出すためにわざわざ外側にネガティブな人物や出来事を引き寄せる、という考えもあります（6章）。自らの「シャドーのモンスター」に抱えていない特性に関して「嫌悪感」が生じることは絶対にありません。

なぜコミュニティは生まれるのか？

さて、話をコミュニティに戻しましょう。

人はなぜ、コミュニティを作りたがるのでしょうか。

いろいろなきっかけがあり、流れの中で自然とできていきますが、そのいちばん奥底に、エゴが暴走しがちな、いまの資本主義社会の汚さに対する「嫌悪感」が意識している、していないにかかわらず、必ずあったでしょう。いわば、資本主義社会に対する反発からコミュニティが生まれるのです。

「嫌悪感」からコミュニティを起こすということが一種の矛盾であることをご説明しましょう。

「資本主義社会の汚さ」「社会的病理」というのは、**「シャドーのモンスター」**が源です。「こうあってはならない」と抑圧したはずの情動や衝動に、いつの間にかのっとられ、それが「社会的病理」として表れるのです。それに対する「嫌悪感」の源は、先で述べたように、まったく同じ「シャドーのモンスター」なのです。

つまり、「社会的病理」をなくそうとする活動の動機の「嫌悪感」が、「シャドーのモンスター」から出ており、それがまた「社会的病理」の発生源になっているという矛盾です。

「社会的病理」そのものと、「社会的病理」をなくしたいという動機とが同じ源から発生している……つまり泥棒を捕まえようと警官を呼んだら、警官も泥棒だった……という笑い話です。カウンターカルチャーの頃のコミュニティは、ほとんどがこの落とし穴にはまっていたように思います。あるいは、最近のコミュニティでもこの落とし穴をしっかり意識できているところは少ないかもしれません。

いま、「嫌悪感」と「社会的病理」というふたつのキーワードだけで、落とし穴の説明をしてきました。少しわかりにくかったかもしれません。

本書の中で、ここはとても大切なところなので、「投影」というちょっと違う角度から、多少は繰り返しが入りますが、もう一度説明します。

すでに述べたように、「シャドーのモンスター」というのは、抑圧されているので、表面的な意識レベルからは見えませんが、無意識レベルで巨大化して暴れている存在です。意識レベルから見えないということは、本人はまったくそんな衝動や情動はないと思っているわけです。ところが、「シャドーのモンスター」は、確かに存在しており、そこから本人には不快な情動（嫌悪感）がフツフツと湧き上がってきます。

本人は、自分の内側からこれが湧き上がっているとは思いませんから、なぜこんなに不快な情動があるのかわからず、戸惑います。そのときに、自分の外側に不快な情動の理由が見つかると、ようやく安心し、それをせん滅しようとするのです。これが、前述の「シャドーのモンスターの投影」であり、すべての争いや戦いの源です。

ついでにいうと、外側に発見した理由というのは、単に投影の対象であって、本当の源ではなく、たとえせん滅したからといって不快感はなくならず、また次の投影対象を探すだけです。

「シャドーのモンスターの投影」の典型的な例は次のようになります。

「シャドーのモンスターの投影」典型的な例

1. 「あの人」or「あの団体」or「あの国」or「この社会」は、なんて酷いのだろう！
2. 「わが社」or「わが国」は遅れている！
3. 最近社会はどんどん悪くなってきた！
4. このままいったら、「わが社」or「この国」or「人類」は滅亡する！
5. 最近の若者はなっていない！

5. に関しては、平安時代や古代エジプトの文書にも見られると言われており（天外は確認していません）、はるか昔から**「シャドーのモンスターの投影」**という現象が盛んであったことがわかります。

ただし、私の父親くらいの年代だと、「最近の若者はなっていない！」というメッセージは、きわめて一般的であり、頻繁《ひんぱん》に耳にしましたが、最近では逆に「20代、30代の若者は素晴らしい！」という声も聞こえるようになってきました。これはおそらく、人類が少しずつ進化し、「シャドーのモンスター」が軽くなった人が増えている証拠のように思えます。年寄りが若者をネガティブに見なくなったという意味です。

右記の「シャドーのモンスターの投影」の延長上に**「被害妄想」**があります。統合失調症の方々は、「闇の組織がいつも自分を監視している」などの「被害妄想」に苦しんでおられます。

「天外塾」を開講して20年になりますが、仕事や家庭でトラブルを抱えておられる方は例外なく「被害妄想」的な発想をしておられます。一般に、社会生活を滞りなく営んでいる人は「健常者」と呼ばれ、精神病とはみなされないのですが、そういう方々でも、よく観察するとほとんどの人が「被害妄想」に陥っているのです。

「天敵」というのは、外側に意地悪な人がいるのではなく、「シャドーのモンスター」を投影することにより捏造《ねつぞう》しています。だから、「天敵瞑想」などのワークを行うと意地悪だった「天敵」がいい人に変身することが頻繁に起きます（[2]天外伺朗『自己否定感』内外出版社、２０２１年）。

「シャドーの投影」というのは、心理学ではネガティブな投影を主に説いていますが、じつはポジティブな投影もあります。

「シャドーのモンスター」は、限りなくネガティブで、「自己否定観」の源になっています（[2]）。それを直視するのはつらいので、反対の特性を自分に投影して装おうとする傾向があるのです。これは、無意識レベルで自動的に行われ、他人だけでなく、自分もあざむこうとしています。それが「自己優越観」です。

「自分はすごいぞ！」と表面的に思い込んでいるケースと、「自己否定観」はしっかり感じているけど、それに抵抗して目に見えないポジティブな自分をほのかに仮定しているケースがありますが、両方ともシャドーのモンスターの投影です。

この投影された虚飾のポジティブな自分は、人の言葉に傷つく原因になったり、かなりやっかいな影響をもたらします。
「劣等感」と「優越感」は、基本的には同じものであり、英語では両者をまとめて「complex」といいます。「自己肯定観」というのも、「優越感」とほとんど同じであり、源は「シャドーのモンスター」です。

「自己肯定観」のセミナーを受けた方が、よく天外塾にいらっしゃいますが、「おやおや」と思うことが多いです。
「せっかく、自己肯定観のセミナーを受けてきたのに、また自己否定してしまった！」と嘆くのを何度も聞いています。これは、自己否定している自分をまた否定していますので、「自己否定の無限ループ」に入っており、救いようがありません（笑）。

「自己否定観」から脱出するためには、徹底的に自らの「自己否定観」に直面する必要があります。それを怠って、その上に表面的な「自己肯定観」を塗りつけても、虚飾のポジティブな自分を強化するだけで、事態をかえってこじらせるだけです。いま、ほとんどの自己肯定観セミナーはこの落とし穴にはまっています。

「シャドーのモンスター」の投影のひとつに、先のコラムの1．にあるような、「なんて酷い人だ」というのがあります。要するに投影によって「悪人」を作ってしまうのです。「悪人」を作った反作用として、自分や自分が気に入っている人に「いい人」、「正義の味方」というポジティブな投影をします。

「正義と悪」という認識は、自分の外側に絶対的な「正義の味方」や「悪の権化」がいるわけではなく、単に自らの「シャドーのモンスター」を両方に投影しているだけです（3 天外伺朗『「正義と悪」という幻想』内外出版社、2022年）。

言葉を変えると、私たちが「正義と悪」と認識しているのは、単にそういう眼鏡をかけて外を見ているだけなのです。だから、眼鏡を逆にかければ「正義と悪」が簡単にひっくり返ります。どこをどう探しても外の世界に「絶対的な正義」「絶対的な悪」は存在しません。そう見えるのはすべて自らの「シャドーのモンスター」の投影にすぎません。

「正義と悪」でつくられるストーリー

いまの社会は、まだ心の底で「シャドーのモンスター」が暴れている人がほとんどですから、皆、瞬間的に**「正義と悪」というパターン化**をします。

だから、映画でも漫画でも「正義のヒーロー」が「悪の権化」をやっつける、というストーリーが好まれます。人々は「正義のヒーロー」に自分を投影して留飲《りゅういん》を下げるのです。

社会が進化して人々の「シャドーのモンスター」が軽くなってくると、次第に「正義と悪」というパターン化が減ってくるはずです。したがって、映画や漫画で「正義と悪」というストーリーがどの程度好まれているかを見れば、社会の進化の程度が把握できます。

手塚治虫の漫画でいえば『鉄腕アトム』を描いていた時代は、もろに「正義と悪」のパターンにはまっていたけど、『火の鳥』になると、もうそのパターンから脱却しています。宮崎駿の漫画もアニメも、もう誰が正義でだれが悪かわからないストーリーが多いですね。若手の漫画家だと、その傾向が一層顕著です。

映画でいえば、ジョン・ウエイン主演の『駅馬車』（1939年）の時代には、たとえば「インディアン＝悪」「騎兵隊＝正義」というパターンが、ものすごくはっきりしていました。その後の『スーパーマン』や『007』など、ほとんどのハリウッド映画も「正義と悪」から抜け切れていません。

ケビン・コスナーの『ダンス・ウイズ・ウルブス』（1990年）あたりになると、ようやく「正義と悪」のパターンから少しずつ脱却しています。

社会は確実に進化していますが、いま、映画も漫画もまだまだ「正義と悪」のパターンにはまっている作品が好まれていますし、新型コロナ騒動、ワクチンの賛否、ウクライナ：ロシアやイスラエル：パレスチナの戦争や、陰謀論に至るまで、世の中は「正義と悪」のパターンに満ち満ちており、早急に社会の改革を試みても全体は動きそうもありません。

さて、「シャドーのモンスター」の投影にポジティブとネガティブの両極がある、というお話をしてきました。ここからまた、話をコミュニティに戻しましょう。

ネガティブな投影に関しては、すでにお話ししたように、主として現行社会に対する批判、エゴの暴走や所有に対するこだわりなどに対する**「嫌悪感」**です。

ポジティブな投影はいろいろありますが、連合赤軍やオウム真理教などのケースに共通なのは、「自分たちは意識レベルが高く、社会改革の最先端を走っている」という思い上がりです。

自分が最先端だと信じてしまうと、大統領も首相も政府も馬鹿に見えてくるでしょう。ユングは、このような思い上がりを**「魂のインフレーション」**と呼んで、極端な場合には「統合失調症」になるとして、100年も前に警鐘を鳴らしていました。オウム真理教が、選挙の惨敗は不正選挙であり、政府が「悪の権化」に汚染されている、といいだしたのは、「統合失調症」とまではいかなくても、「被害妄想」の傾向は確かに認められます。

オウム真理教ほどではなくても、ごく普通のコミュニティでも、指導者たちは「自分たちは一般の人たちより、かなり意識が進んでいる」という信念を持っているのが普通です。気を付けていないと、「思い上がり」が「被害妄想」につながっていく、という危険性は無視できません。

「思い上がり」よりは少しおとなしいのが「私はいい人だ」という認識です。これは、誰しもが抱いており、やはり「シャドーのモンスター」のポジティブな投影です。「私と同じくらいの、いい人が集まったら、いい社会ができるだろう」というのは、コミュニティを設立する人の共通認識ですが、これも、はっきりいって錯覚です。

コミュニティができても、しばらくは、皆「いい人」を装って生活するでしょうが、やがて「シャドーのモンスター」が暴れだし破綻《はたん》に向かいます。

ドラッグやフリーセックスがなくても、いい社会を目指したコミュニティは、ひとりでに破綻する要因を内包していることを「心の闇の力学」は教えてくれます。

コミュニティーの「心の闇の力学」

1. 「いまの社会」に対する「嫌悪感」が、コミュニティ破綻の糸口。
2. 「私はいい人だ」という錯覚が、コミュニティ破綻の糸口。
3. 指導者が「私は意識レベルが高い」と思っているコミュニティは危険。
4. エゴを否定したコミュニティはエゴから滅びる。
5. 「社会的病理」がないことを目指したコミュニティは「社会的病理」から滅びる。

3. 社会的病理と人類の意識の進化

個人の意識と人類全体の意識の関係

人類は進化している、と言われても、あまりピンときませんね。お爺ちゃん、お婆ちゃんの時代から、いまの子どもたちまで、進化したように見えるでしょうか。でも、よくよく観察すると、子どもたちはわずかに足が長くなっているのかもしれません。ところが、姿かたちはさておき、目に見えない「意識レベル」はかなり早い進化が観察できます。

明治生まれの私の父親くらいの世代は、自分も家族も犠牲にして会社に尽くす「滅私奉公」が一般的でした。この後で詳しくご説明しますが、これはまだ**「独立した自我」**が獲得できていないで**「依存」が残っている意識レベル**です。それから3世代目〜4世代目のいまの中堅から指導的立場にある会社員で「滅私奉公」に走る人はまずいません。

わずか3～4世代で、多くの人が「依存」を脱却して「独立した自我」までは進化しているのです。

発達心理学という学問を開拓した**ジャン・ピアジェ**（1896～1980）やベトナムの哲学者**チャン・デュク・タオ**（1917～1993）などは、それぞれ独立に共通の発見をしています。

それは、ひとりの人間がオギャアと生まれて意識が成長・発達していく様子と、とても長い年月をかけた人類全体の意識の進化が同じ階層構造をたどるという主張です。これは証明しようがないのですが、確かによく似ています。

もしそうだとすると、個人の意識の発達を観察すれば、人類全体の意識の進化の様子が、未来に至るまで推定できるはずです。**クレア・W・グレイブス**（1914～1986）や**ロバート・キーガン**（1946～）などは、それぞれ「スパイラル・ダイナミクス」「成人発達理論」と名付けた個人の意識の発達階層を提唱しており、それらをベースに**ケン・ウイルバー**（1949～）や**フレデリック・ラルー**（1969～）が社会や企業組織の進化についての階層構造を論じています。

個人の意識の成長・発達に関しては、天外が総合的に次ページの図としてまとめています。この図のオリジナルは、インド哲学を西洋に紹介したインドの哲学者、**アーナンダ・クーマラスワミ**（1877～1947）ですが、ケン・ウイルバーなども採用しています（7章）。全般的な細かい記述は、ケン・ウイルバーの表記（吉福伸逸の訳語）を採用しています㉕。

ロバート・キーガン、クレア・W・グレイブス、フレデリック・ラルーなどは、それぞれ独立に人の意識の成長・発達の階層構造を主張していますが、それらも**「個のレベル」**に関しては、ほとんど同じなので重ねて表記しています(色の表記は、F・ラルーを採用)。

全般的には、自我が発達する以前の**「前個のレベル」**、身体から分離した自我が生まれてからの**「個のレベル」**、自我を超えていく**「超個のレベル」**の3つの領域に大別されます。

さしあたり現在のコミュニティについてお話しするときには、「個のレベル」だけに注目すればよさそうです。ただし、「超個のレベル」の要素もちらほらと出始めており(10章)、もうすぐ無視できなくなってくるでしょう（オウム真理教団などは、その方向を目指しておりました)。

意識の成長・発達のサイクル

原案はアーナンダ・クーマラスクミ。
ケン・ウィルバーと天外が改良。

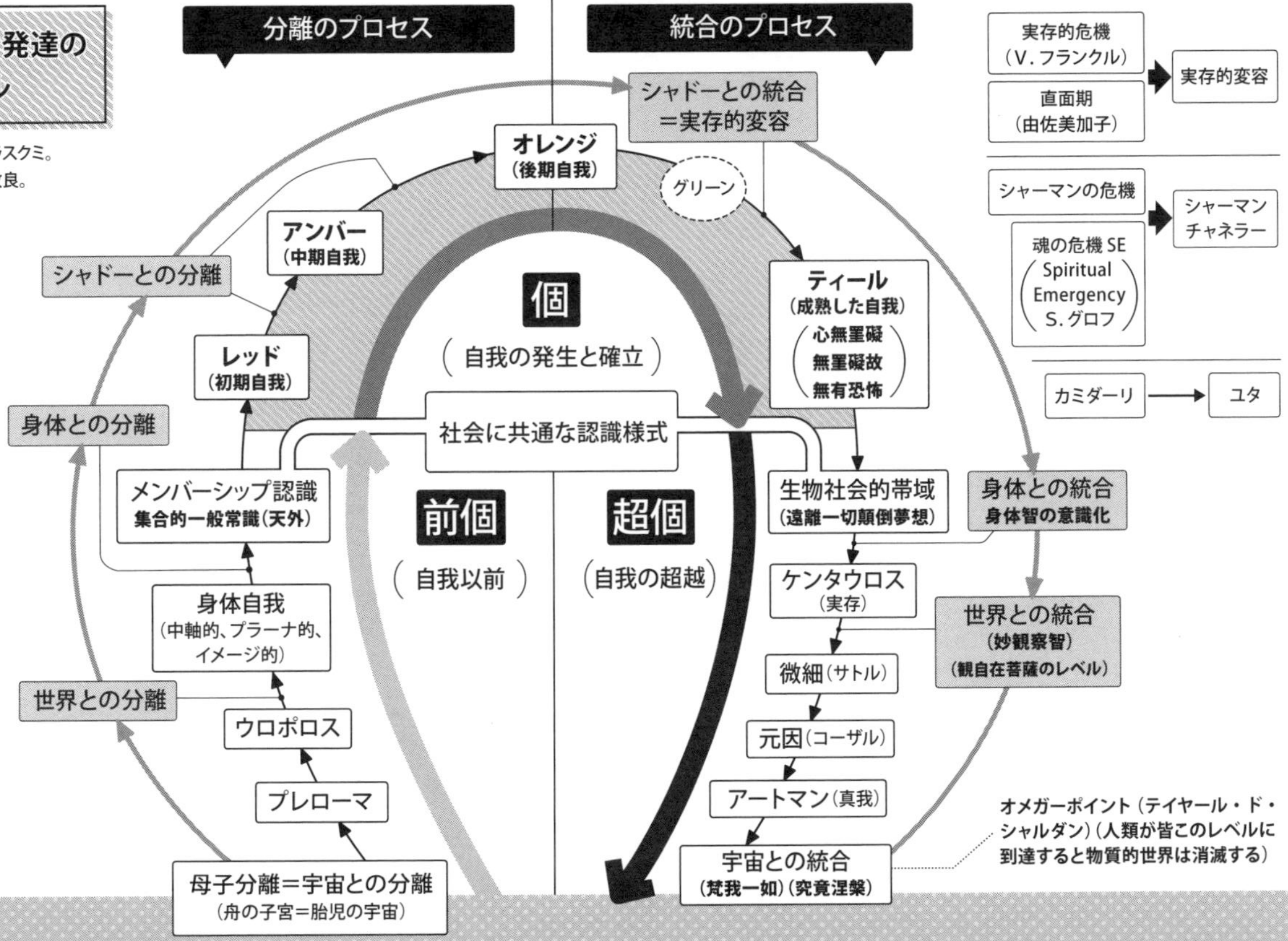

意識の成長・発達（個のレベル）

「個のレベル」に関しては、フロイト、ユングなどによる古典的な深層心理学でほぼ語りつくされており、この図ではそれをそのまま踏襲しています。その4つのレベルはこのようになります。

個のレベルの階層

1．レッド（初期自我）：身体から分離した自我が生まれた最初のレベル。本能的な原初の欲求が、そのまま行動に出る。

2．アンバー（中期自我）：しつけなどにより、「超自我」（倫理観、道徳観）が生まれ、親や大人の世界が期待する社会性が発達する。ただし、親や大人などに対する「依存」が強く残っている。

3．オレンジ（後期自我）：反抗期などを経て、「依存」を脱却し、独立した自我が獲得できたレベル。ただし、「こうあってはいけない」など、何らかの理由で無意識レベルに抑圧した情動や衝動がモンスター化しており（これを心理学では「シャドー」、本書では「シャドーのモンスター」）、その影響に支配されている。

4．ティール（成熟した自我）：「シャドーのモンスター」の存在に気づき、共存できるようになったレベル。「戦う力」、「怖れと不安」にドライブされていた人生から脱し、「融和力」、「共感力」でドライブできるようになる。

注1：色はラルーの提案を採用。ただし、グリーンは省略。

注2：キーガンの「成人発達理論」の段階2〜5は、ほぼレッド、アンバー、オレンジ、ティールなどに対応。

「コミュニティ・チャート」から見えてくる進化の流れ

さて、ここから、この**個人の成長・発達の階層構造**と、巻頭の**「コミュニティ・チャート」**で示す、社会やコミュニティの進化の関係を見ていきましょう。

フォレデリック・ラルーは人間がオギャアと生まれて、歳をとると共に意識が発達・成長していく階層と、人類が長い歴史的な時間をかけて進化させてきた組織や社会の階層を同じ色分けで論じています（27）。

「レッド」に関しては、個人の意識としては前ページの表のように、「原初的な欲求がそのまま行動に出るレベル」をいいます。組織としては、ラルーは**「恐怖で支配されている組織」**と定義しており、例としてオオカミの群れやギャング集団を挙げています。

天外は、その説には賛同できません。オオカミの群れもギャング集団も、極めて強い「情」で結ばれた「序列」あるいは「親分・子分」の関係が知られており、恐怖はありますが、それのみの支配とはいえません。これは心理学的には**「共依存」**に属するので、むしろ**「ア**

ンバー」に分類すべきと考えます。

天外の定義する組織としての「レッド」は、巻頭のコミュニティ図に示すように**「強権的なワンマン支配」**であり、コミュニティの例としては「オウム真理教」があげられます。「アンバー」の組織面に関して、ラルーは古代エジプトの奴隷制のように、身分制度が固定されている社会と定義しております。

天外の定義はそれとは違い、**「依存」**をキーワードしてとらえ、前述のように「情」と「親分・子分」の関係に支配されたやくざ組織や、宗教色が強いアシュラム（僧院）のような組織と考えます。

日本の企業経営のひとつの特徴は「大家族主義経営」ですが、戦後のすさまじい経済成長を支えたのが「親分・子分」中心の「家父長型大家族主義経営」でした（4 西泰宏、天外伺朗『人間性尊重型大家族主義経営』内外出版社、2018年）。つまり、終戦直後の日本の企業経営は「アンバー」が中心だったともいえます。

「依存」というのは解釈が多様に分かれる難しい単語です。社会というのは、お互いに少しずつ「依存」しあっているシステムであり、「依存」抜きには成立しません。

最近はやりの**「ギフト経済」**というのは、「相互依存」の窮《きわ》まった状態ともいえます。

でも、これは自分軸を保ったままの「依存」ですね。「アンバー」でいう「依存」は、これとは違い、まったく自分軸がなく、人に寄りかかり、ぶら下がった状態をいいます。

幼児期に親に寄りかかり「依存」している、という状態（アンバー＝中期自我）は極めて健全だし、むしろ必要なことです。それがないと逆に「愛着形成」に問題を生じます。

しかしながら、大人になっても自分軸を確立できず、「依存」から脱却できていない人も少なからずいます。


次の**「オレンジ」**というのは、個人としては反抗期などを経て「依存」を脱却して独立した自我を獲得したレベルですが、思想的には「合理主義」が特徴です。

コミュニティという文脈では、道徳、倫理、規律、それぞれの人に与えられた役割などが大切にされた人間集団、となります（巻頭の「コミュニティ・チャート」参照）。

いまの近代文明社会そのものが「オレンジ」なのですが、オレンジ・コミュニティの住民たちは、一般社会よりも、さらに道徳観、倫理観を高めることが要求されます。つまり、コミュニティの目標が、一般の社会人の理想となれるような人の育成になります。オレンジ・コミュニティの例としては、武者小路実篤《むしゃのこうじさねあつ》の「新しき村」や「一燈園《いっとうえん》」などがあります。

いまの社会のほとんどのリーダーたちは、個人として「オレンジ」のレベルにあります。独立した自我を獲得できているからこそ、リーダーシップが発揮できるのですが、まだまだ「シャドー」が暴れており、「戦いの人生」を歩んでいます。

「シャドー」というのは、何らかの理由で無意識レベルに抑圧してしまった衝動や情動をいう心理学用語です。抑圧されると巨大化することが知られているので私は**「シャドーのモンスター」**と表現しています。

この「シャドーのモンスター」を抑圧しないで、存在を認め、共存できるようになったレベルが「ティール」ですが（前表参照）、フレデリック・ラルーはその中間に「グリーン」というレベルを置いています。これは、深層心理学にもロバート・キーガンの**「成人発達理論」**にもない階層です。

たしかに、組織の進化という観点で見ていくと、大幅な権限移譲と多様性の許容、比較的フラットな組織構造を持つ「グリーン」という組織の存在は観察されます。

それは、明らかに「オレンジ」、つまりハイアラーキー組織構造を持ち、合理的な上意下達的な指揮統制を行う組織とは別の階層を形成しています。

組織としての「グリーン」は、関係性を重視することが特徴です。企業だと、**「オレンジ」**は上からの統制で合理的に売り上げ・利益を追求するのに対して、**「グリーン」**は皆の意見を尊重して、ボトムアップのオペレーションが主体になります。

関係性を重視するので、人々は「いい人」を装う傾向が出てきます。本音をさらけ出して毒を吐く人がいないので、一見するとみんな優しく居心地いい集団なのですが、「心の闇」が抑圧されて全体性が発揮されていないので、多少の不自然さが残ります。

コミュニティの例でいえば、カウンターカルチャーの残り火、フィンドホーン、ホリーホック、オーロヴィルなどが「グリーン」でしょう。

プロローグで述べたように、ハイブリッドカーが、**ガソリンエンジンとモーター**と、ふたつの推進力を持っているのと同じように、人間も推進力がふたつあります。

ひとつはすでに述べた**「シャドーのモンスター」**です。「自己否定観」の源であり、「怖れと不安」のものすごいエネルギーを駆使して「戦う力」を発揮します(②天外伺朗『自己否定感』内外出版社、2021年)。これをガソリンエンジンに対比させましょう。

いま、近代文明国のほとんどの人は、この「戦う力」（ガソリンエンジン）を推進力にして生きています。

人間の持つ、もうひとつの推進力は**「真我《しんが》（アートマン）」**です。これは、「無条件の愛」の源であり、「融和力」、「共感力」などを発揮します（[5]天外伺朗『融和力』内外出版社、2022年）。こちらをモーターに対比させます。

本書では詳しくご説明できませんが、ヒンズー教の教義では「真我（アートマン）」というのは、宇宙の根本原理である「ブラフマン」と一体であり、それを「梵我一如《ぼんがいちにょ》」と呼んでいます（巻頭のモンスター図参照、[5]）。スピリチュアルの世界では、それを**「ワンネス」＝すべては分離できないひとつ**……と表現しています。

ほとんどの人がガソリンエンジンで走っている、と述べましたが、人間もハイブリッドカーですので、そういう人でも時々はモーターも回ります。

モーターが回る頻度が増えていくことが、意識の変容のプロセスであり、モーターだけでも走れるようになったレベルが**「ティール」**です。「オレンジ」から「ティール」への変容を**「実存的変容」**と呼びます。

ただし、「ティール」に達したからといって常にモーターだけでは走っているのではなく、時々はガソリンエンジンも回っているのが人間の実態でしょう。

フレデリック・ラルーが定義した個人としての「グリーン」というレベルは、ガソリンエンジンとモーターが程よくバランスして回っている状態であり、直感的には比率として「7：3」〜「3：7」くらいまでの広い範囲を指すのではないかと思います。かなり、モーターが勢いよく回っているのですが、まだモーターだけではちょっとしか走れない、といった感じでしょうか。

階層構造といっても、その境界が明確に示せるものではなく、すべては曖昧模糊《もこ》の中に沈んでいます。そもそも、人間の意識の成長・発達を言語や論理で記述できるか、という疑問もあり、上記の図（意識の成長・発達のサイクル）を個別の個人の成長・発達に当てはめようとすると、例外だらけになり、うまくいきません。

その意味で先の図は、必ずしも一人ひとりの意識の成長・発達をあらわしている訳ではないけど、これを基に議論するとわかりやすい、という意味で、天外は**「参照モデル」**と呼んでいます。

クレア・W・グレイブスのスパイラル・ダイナミクスでは、意識の成長・発達の階層をきわめて多く定義していますが、「実存的変容」以前の階層をまとめて**「ティア1＝生存**

のレベル」、以降の階層を**「ティア2＝存在のレベル」**と大きく分けています。

つまり、「実存的変容」というステップ（「オレンジ」→「ティール」、「成人の発達理論」では、段階4→段階5）は、ほかの階層間のステップより、はるかに大きく重要だ、ということです。

どういうことかというと、「生存のレベル」というのは、普通の企業組織のように、機能、性能、能力、貢献、やる気、向上意欲などが重要視されるのに対して、「存在のレベル」というのは、能力や貢献には関係なく、「存在」していること、そのものが尊重されます。

個人としての「ティール」は、いままで「あってはならない」として抑圧していた「シャドーのモンスター」を浮上させ、共存していくレベルです。「装い」がなくなるので、本人から見てネガティブだった要素が浮上してきます。傍から見たら、むしろ以前より「ダメ人間」に見えるかもしれません。

「意識の変容」というと、多くの人がまるで聖人のようになると錯覚しますが、事実は真逆であり、むしろ平気で**「ダメ人間」をさらせるレベルが「ティール」**なのです。

組織としての「ティール」は、まず前記の「存在」そのものが尊重されることです。それと同じことですが、「安心・安全の場」ができていて、「ダメ人間」を抵抗なくさらせる雰囲気が大切です。

コミュニティとしては、「グリーン」は「いい人」を装っている穏やかな集団ですが、「ティール」は「ダメ人間」をさらす人が増えてくるので、かえってトラブルが多くなるでしょう。

一般には、トラブルが少ないほうが進化した組織だと考えられていますが、天外はそうは思いません。「グリーン」というのは、トラブルを抑圧している組織なので、一見すると居心地よいのですが、ほのかに不自然さが残っています。

人間という生き物は、どんなに意識が進化しても「シャドーのモンスター」が一匹もいなくなることはありません。一匹もいなくなると、おそらく生命を維持できないでしょう。

その人間が営む社会ですから、どんなに進化しても「社会的病理」がなくなることはあり得ません。


「社会的病理」がない社会を夢見ること自体が、ひとつの「社会的病理」です！ したがって、「社会的病理」を抑圧してしまう「グリーン」よりも、「社会的病理」をしっかり浮上させ、直面する「ティール」のほうが、社会としては進化しているといえましょう。

社会的病理と社会の進化

アンバー：「情」と「恐怖」で「社会的病理」を抑え込む。
「痛み」に耐えることが美徳。

オレンジ：法律を作り、「いい人」と「悪い人」を分離し、「悪い人」を処罰する
ことによって、社会的秩序を保ち、「社会的病理」をなくそうとする。
「痛み」を抑圧する。

グリーン：関係性を大切にして「社会的病理」のない社会を実現しようとする。
「痛み」を消そうとする。

ティール：「社会的病理」を浮上させ、ごまかさないでしっかり直面する。
「痛み」と直面し、しっかり感じる。

「社会的病理」というのは、一人ひとりの「痛み」から出てきます。社会の進化というのは、「痛み」とどう向き合うかがポイントのひとつになります。

「アンバー」では耐えることが美徳だし、**「オレンジ」**では抑圧します。**「グリーン」**では、その存在は認めますが、消そうとします。

「ティール」になると、もう「痛み」があることが当然だとして消そうとはしなくなります。「痛み」と直面し、ともかくしっかり感じることに集中するようになります。

コミュニティの話をしているときに、よく引き合いに出されるのが、昔の村社会や里山、入会地のオペレーションです。

コミュニティで求めている、お互いの信頼、共生、共助、ダイバーシティなどは、はるか昔の村社会で、すでに実現できていた、という論調です。これは、確かにその通りです。

ところが、村社会というのは「依存」が残っている**「アンバー」**であり、共生、共助などのメリットと引き換えに、上下関係、しがらみ、忖度、強制、干渉、同調圧力、慣習への隷属、異端を排除など、など、とてもうっとうしい側面もありました。

そのしがらみを嫌って、多くの若者が村社会を脱出して都会へ逃れました。都会に行くと、確かにしがらみから解放されて自由が得られるのですが、今度は希薄な関係性による孤独にさいなまれます。それが**「オレンジ」**の状態です（巻頭のコミュニティ・チャート参照）。

孤独にさいなまれた若者が、共生の温かさを求めてコミュニティに参加してくる、というのが、オレンジ時代のコミュニティの姿になります。でも昔の村社会への回帰は避けたい、しがらみからは逃れたい、という潜在的な欲求があります。

したがって、孤独な若者の受け皿としてのコミュニティは、**「アンバー」**や**「オレンジ」**よりも少し進化していることが求められます。カウンターカルチャー時代のコミュニティが、軒並み**「グリーン」**だったのは、その意味では正解だったのでしょう。

べてるの家が試みる「降りてゆく生き方」

コミュニティとしての**「ティール」**の例は、北海道浦河町にある**「べてるの家」**を挙げておきましょう。

これは120人の統合失調症の方々と90人のスタッフが運営する生活共同体、生産共同体のコミュニティです。昆布の袋詰めやイチゴのヘタ取りなどで、年間約2億円の売り上げを挙げています。

「べてるの家」のメンバーは、自らの病気に自分で病名を付け、自ら研究をしています。これは**「当事者研究」**と名付けられ、世界的に有名になっています。「爆発（モノを壊したり、他人を傷つけたりすること）」や「生きづらさ」などテーマを決め、どういう状況で起きるかを調べるのです。ただ、症状をとることは目指しておりません。

「幻聴」というのは、つらい症状ですが、「べてるの家」では上手に共存するようにし、「幻聴さん」と呼んでいます。「幻聴・妄想大会」が催され、幻聴自慢が大勢います。病気を治そうとしないで、病状をさらして共存しています。

「ティール」の要件である、「存在の尊重」、「ダメ人間を平気でさらす」、「社会的病理を浮上させ、直面する」などの要素が全部しっかりと実現されています。それを象徴する次のような理念も語られています（6向谷地生良『「べてるの家」から吹く風』いのちのことば社、2006年）。

「弱さの情報開示」

「今日も、明日も、明後日も問題だらけ、それで順調」

「べてるの家」には見学者が絶えません（年間2000人以上）。人口1万人強の浦河町の財政は、その見学者で持っている、ともいわれています。

天外が主宰している「ホワイト企業大賞企画委員会」でも、毎年企業経営のスタディのため大勢でお邪魔する見学会を催していました。

コロナ禍で一時中断しておりましたが、コロナが明けたので、2023年9月25～26日の両日、久々に訪問いたしました。ちょうど2023年は**「コミュニティを深掘りするフォーラム」**を開催していたので、その番外編も兼ね、**滝沢泰平**《たきざわたいへい》、**戸谷浩隆**《とやひろたか》などのコミュニティ・ソースも参加してくれました。

向谷地《むかいやち》**生良**《いとよし》**さん**による感動的な当事者研究の見学などをさせていただきました。

ただし、「べてるの家」は統合失調症の方のための「シェルター」としての役割を担っており、「拡張家族」の機能も含まれていますが、「次世代社会のひな型」とはちがいます。

「降りてゆく生き方」というのは、「べてるの家」の理念のひとつであり、統合失調症の方々

の人生の過ごし方です（4章で詳述します）。そこからちょっと一般化して、「競争社会から離脱してのんびり暮らすこと」と定義し、コミュニティの機能のひとつに採用しました。

いまの社会は、「いい学校」→「いい会社」→「出世」→「金持ち」……と、しゃにむに成功を追い求めるのが一般的ですが、そういう外面的な成功より、むしろ内面的な充実を大切にした生き方、またそういう人たちの集まったコミュニティをさします。

4. 「降りてゆく生き方」と「美しい物語」

「止まらない列車」から降りるという生き方

前述のように、**「降りてゆく生き方」**というのは「べてるの家」の理念のひとつです。他にも**「安心して絶望する」「べてるに来れば病気が出る」「勝手に治すな自分の病気」**などといった多くの理念があります。

一般の精神科治療では、幻聴、幻覚、妄想などの不快な症状がなくなり、社会復帰ができることを目標とします。彼らは、この方向を「昇ってゆく生き方」と呼んでいます。日々努力し、改善していく生き方です。でも、「治らなければいけない！」という思いが、かえって生きづらさの要因になってしまいます。

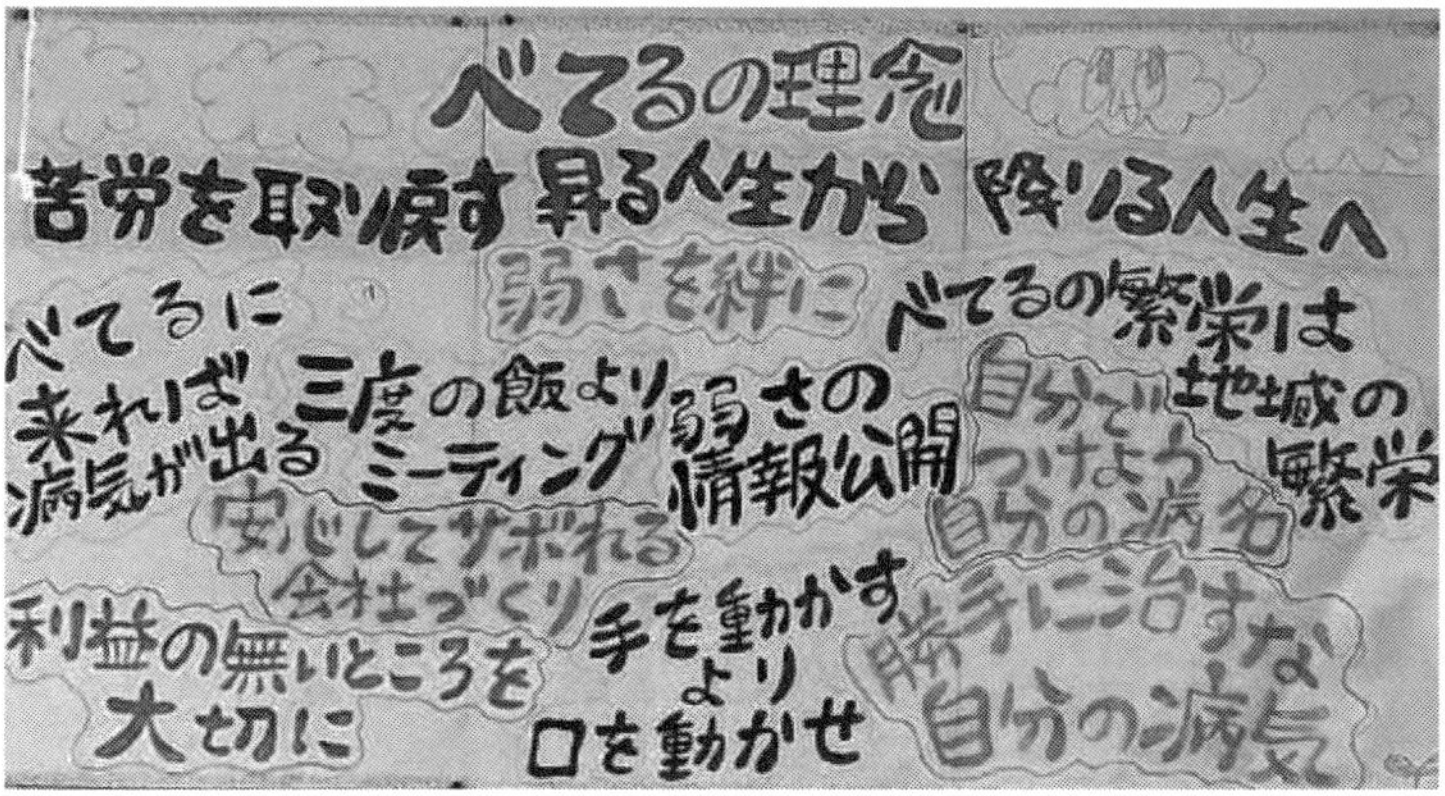

「降りてゆく生き方」というのは真逆です。幻聴・妄想などをなくそうとしないで、ともに生きていく道を探るのです。ある意味では、「あきらめ」の境地です。この境地に達すると、人は病状を抱えたまま安心して生きていけます。

幻聴などを「あってはならない」と抑圧するのではなく、受け入れていくところは、2章で述べた「実存的変容」に、ほのかに対応しています。じつは、「実存的変容」そのものが、広い意味での「降りてゆく生き方」なのです。

なぜなら、「あってはならない」と無意識レベルに抑圧していた「シャドーのモンスター」を浮上させ、直面し、共存するというプロセスであり、「あってはならない」ものが表に出てくるので、結果的に**「ダメ人間」**をさらすことになるからです。幻聴・

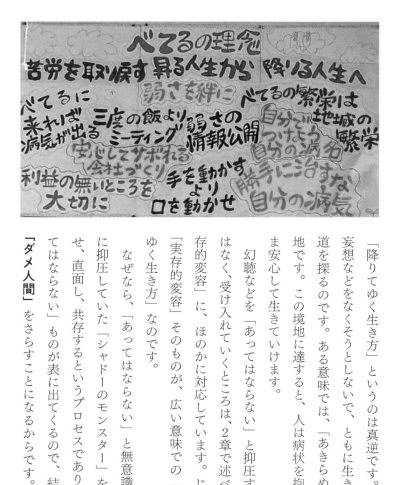

妄想をさらして生きていくことに通じます。

いまの激しい競争社会の実情を**「止まらない列車」**と表現した人がいましたが、まさに言い得て妙です。日々努力し、能力を上げ、業績を上げていないと落ちこぼれてしまいます。エリート層に入ってしまうと一層顕著です。天外もソニーの役員になるころまでは「止まらない列車」に乗って、あがいておりました。

子どもたちでさえも、毎日勉強、勉強と急き立てられ、「いい学校」「いい会社」「社会的成功」へと追い立てられています。まさに「昇ってゆく生き方」を強いられている訳です。でも、それで社会的成功をつかみ取る人はほんのひと握りです。

これはまさに、2章でのべた「シャドーのモンスター」に駆動された**「戦士の人生」**ですね。人々は「怖れと不安」の強力な推進力、つまりガソリンエンジンをふかしてブイブイと走っているのです。

統合失調症の方は、ブイブイ走ることは苦手ですから、「止まらない列車」から降りざるを得ません。

文献6では、王選手にあこがれて、一流選手になるべく、野球の練習にものすごく頑張って補欠ながら甲子園まで行った人のエピソードが載っています。もう頑張る人生に耐えられなくなっていたのですが、救急搬送され、病院のベッドで「ようやく病気になれた……」と感想をもらしたそうです(6P60)。

「王監督が、リムジンに乗って僕をスカウトに来る予定が、日赤の救急車が僕を迎えに来た」

野球の練習をしているときには、「がんばれ、がんばれ！」と毎日声をかけてくる幻聴さんがいたそうです。

「止まらない列車」に乗って社会的成功を収める道は、統合失調症の方にとっては、単に病気が治って普通の生活に復帰するというより、はるかに強烈な「昇ってゆく生き方」ですね。

普通の生活ができている一般の方でも、「止まらない列車」に乗って息せき切って走り続けるのは結構大変です。天外は42年間、実業界で過ごしましたが、疲れ切った人をたくさん見てきました。

多くの人は統合失調症というよりは、うつ病や身体的な病気になることを選んで戦線を離れました。「選んで」という言葉をあえて使いましたが、私の眼には、意識レベルでは「止まらない列車」に乗って社会的成功を目指しているものの、無意識レベル、あるいは身体は悲鳴を上げており、強制的に「止まらない列車」から降りるように病気を選んだように見えました。

完全に「止まらない列車」から降りなくても、**「会社に行きたくない病」**にかかる人はものすごく多くいます。病気の場合もあるし、ケガもあります。転んでケガした、とか交通事故とかいろいろありますが、不思議なことにトイレには行けるけど、会社には行けない、という微妙なレベルの怪我をするので、「会社に行きたくない病」ではないかと推定できるのです。意図してケガをしても、そういう微妙なレベルのケガはできませんが、もしかすると無意識レベルでケガをすると、都合の良いレベルのケガができるのかもしれません。

つまり、意識レベルでは「会社に行かなければいけない」「会社に行くべきだ」と思っているのですが、無意識レベルには「もう嫌だ」という思いを強烈に抱いており、無意識が主導して、それを実行するのではないかという、ちょっと「トンデモ」に近い推定です。1例、2例なら偶然で済ませられますが、たくさん見てくると、この推定が決して「トンデモ」ではなく、むしろ妥当に見えてきます（断定はしません）。

ですから、「止まらない列車」から降りるときも、無意識レベルで病気を選んでいる、という表現を採用しました。

前記の統合失調症の方は、「ようやく病気になれた……」と、正直な感想を漏らしましたが、一般の方は身体（無意識）と意識の分離が激しく、言い換えると、その統合失調症の方より統合されていないため、自分で病気を選んだことに気づかず、「なんで病気なんかになったんだ！」と悔やみ、何とか復活しようとむなしい努力を重ねて泥沼に落ち込んでいく様子をたくさん見てきました。

「昇ってゆく生き方」をあきらめて、「止まらない列車」から降りてしまえば、楽に生きていけるのに、身体も無意識もそれを欲しているのに、幻聴さんもいないのに、意識レベルでは「がんばれ、がんばれ！」といい続けているのです。

ただし、本当に「止まらない列車」から飛び降りてしまうと、皆さんとても不安定になります。ブイブイと頑張っていた頃が懐かしく、またあの頃に戻りたい、という気持ちも出てきます。

コミュニティというのは、そういう人たちを抱き取って、**「楽に生きようよ」**と安心させる働きもあるようです。

社会的成功を目指すのではなく、贅沢も求めずに、お金をいっぱい稼ぐことも、使うこともせず、米と野菜と水が確保されるなら、ゆるゆると生きていこう、という姿勢です。
これが、まさしく「降りてゆく生き方」なのです。

「あけわたし」と絶望

本章の冒頭で、〝**「実存的変容」そのものが、広い意味での「降りてゆく生き方」だ**〟……と述べました。これをもう少し掘り下げてみましょう。

「実存的変容」に向かうパターンは様々ですが、その中のひとつに**「あけわたし」**というのがあります。目標を定めてしゃにむに努力する「昇ってゆく生き方」とは正反対の生き方で、「ああなりたい」「こうしたい」という「自らのはからい」や、努力、頑張り、向上意欲などをすべて捨て去り、「どうにでもなれ！」とほっぽり出してしまう感じです（7天外伺朗『運命のシナリオ』明窓出版、2023年）。

「運命にあけわたす」「宇宙にあけわたす」など、様々な表現がされますが、「神」とか「阿弥陀如来」とか、あけわたす対象があったほうが、やりやすいようです。

いまの社会では「昇ってゆく生き方」が推奨されているので、努力もしないで「どうにでもなれ！」とおっぽり出してしまうのは、無責任！と非難されるでしょう。

ところが、宗教の文脈では、神道のマントラ「カンナガラタマチハエマセ」や、チベット密教のマントラ「オム・マニ・ペメ・フム」などは、「神様の思し召しのままに」という意味なので、「自らのエゴから出てくるはからい」を排して**「神様にあけわたす」**ことを説いています。

浄土宗・浄土真宗の「他力」の教えは、ひたすら「ナムアミダブツ」と称えて阿弥陀如来にゆだねることを説いているので、「あけわたし」が教義になっています(7)。

「べてるの家」もキリスト教がベースになっているので、**神様に対する「あけわたし(surrender)」の精神**に満ちています。

本章の冒頭に、**「安心して絶望する」という「べてるの家」**の理念をご紹介いたしました。ほとんどの方が、この表現に戸惑われたかもしれません。

一般の精神科の治療では、人を傷つけたり、器物を破壊したりする「爆発」を大量の薬で抑え込みます。「べてるの家」では、主治医と相談して、なるべく薬を減らします。それは、薬を使って感じないようにするのをやめて、その人本来の悩みを、しっかり「悩める」ようにするためです。

薬を減らして、爆発が起きてしまった方のお父さんが、がっくり来てしまったとき、ソーシャルワーカーの向谷地さんは次のように語っています（⑥、P40）。

「お父さん、いま彼に起こっていることは、以前と同じように見えるかもしれないけど、ひとつだけ違います。彼のすばらしいところは、目の前の〝爆発〟という現実に、しっかりと絶望していることです。彼にとって本当に必要だったのは、〝立ち直ること〟や〝回復〟ではなく、悩み、絶望しきることなのです（天外により要約）」

これで、お父さんは納得したようです。向谷地さんは、次のように書いています。

不思議なものである。人の絶望は、人間として尊重された出会いの中では、希望と回復への入り口になる（向谷地⑥P41）。

「絶望」という言葉を、私たちより一段と深い意味で使っておられます。この「絶望」は、「あけわたし」に通じるのではないでしょうか。

「心の闇」から生まれる「美しい物語」

いま、私たちが問題にしている様々な**「社会的病理」**は、前述のように「シャドーのモンスター」が源です。ガソリンエンジンを激しく回して**「戦う力」**を得るのですが、後にモクモクと排気ガスが残ります。それが「社会的病理」にたとえられます。「シャドーのモンスター」は**「自己否定観」**と**「怖れと不安」**を生み出し、それを克服しようとして、人は必死に走り出します。それが「止まらない列車」となります。「降りてゆく生き方」というのは、その状態から脱出するひとつの道ですが、ガソリンエンジンの出力を絞ることに対応しています。

ガソリンエンジンを絞っていって、まだモーターが回りださない間はとても不安定になります。その不安定な精神状態の人をやさしく抱き取ってサポートする、というのがコミュニティの役割のひとつだということはすでに述べました。

モーターというのは、「真我」の推進力の象徴であり、**「無条件の愛」**の源です。「シャドーのモンスター」が限りなくネガティブなのに対して、こちらは限りなくポジティブです。

当然のことですが、人はポジティブを好みます。ガソリンエンジンで走っている「戦士の人生」に疲れ、あるいはその醜さにうんざりした人が、モーターだけで走っている人生にあこがれるのは当然でしょう。

まだモーターだけでは走れない人でも、まったくガソリンエンジンが回らずにモーターだけで走っている人たちによる理想的な社会を思い描くことはできます。そして、観念的な**「美しい物語」**を説き始めるのです。

一人ひとりが、「エゴ」を抑え、「もっと、もっと」という欲をなくし、助け合い、譲り合い、関係性を大切にし、権力へのあこがれも手放し、個人の所有という概念を脱却できれば、素晴らしい社会になる、あるいは、それが人間として最も自然な状態なのだ……というストーリーです（プロローグ）。

うばい合えば足りぬ　分け合えばあまる　（相田みつを）

これは、理論としてはその通りでしょう。ところが「美しい物語」を実現しようとしてコミュニティを運営すると、かえって問題がこじれる傾向があります。

この「美しい物語」が本当に成立するのは、コミュニティの大半がほぼモーターで走れるようになった時だけでしょう。それなりに意識の成長のためのトレーニングを施しているコミュニティもありますが（5章、6章参照）、**「実存的変容」**はそんなに簡単には達成できるものではありません。

一部の指導的立場にある人は、辛うじてモーターで走れているかもしれませんが、大多数の人はガソリンエンジンが、まだブンブン回っているのに、**あたかもモーターで走っているふり**をしています。これが、「いい人を装う」という状態で、3章で説明した「グリーン」という段階にあります。装っている本人は、自分を押し殺して全体に合わせなくてはいけないので葛藤を生じます。

「降りてゆく生き方」というのは、ガソリンエンジンの出力を絞ってしまうので、外から見てすぐわかります。ところが「美しい物語」を掲げているコミュニティの構成メンバーは、**本当にモーターで走っているのか、まだそこまでは達していないけどモーターで走っているふりをしている人なのか区別ができない、**という問題を抱えています。

だいたいモーターで走れるようになっている人は、「美しい物語」に沿って生きていても、あまり葛藤は感じず、居心地がいいかもしれません。ガソリンエンジンがブンブン回っている人を排除して、そういう人だけで運営していくコミュニティは、どんどん人が減っていく傾向が出てくるでしょう。

「実存的変容」といっても、１００％モーターだけで走れる人はいません。誰でも時々はガソリンエンジンが回ります。「シャドーのモンスター」が一匹もいなくなったら、おそらく私たちは生命を維持できないと思います。

もし、仮に１００％モーターだけで走っている人がいたとしたら、いまの社会に対する嫌悪感がまったくないはずなので、社会を改革しようとか、コミュニティを作ろうとはしないでしょう。

「社会を変えたい」というエネルギーは、ガソリンエンジン（「シャドーのモンスター」）から出てきますので（2章）、**ガソリンエンジンがしっかり回っている人ほど「美しい物語」にあこがれる**傾向があります。つまり「美しい物語」から距離が遠ければ遠いほど、それに向かって勢いよく走り始めてしまうのです。

「美しい物語」の最大の問題点は、その魅力です。それに魅了された人が、ガソリンエンジンをブンブン回して社会改革にまい進すると恐ろしい結果が待っています。

そもそも、ガソリンエンジンの出力を絞ることが「美しい物語」への道なのに、そのガソリンエンジンをふかして強引に走ろうとする矛盾です。美しい川辺の細い散歩道に戦車で突っ込んでいく、というイメージです。

「共産主義革命」と「美しい物語」

約100年前にスタートし、大失敗だと判明するのに70年もかかった「共産主義革命」を振り返ってみましょう。

産業革命により、生産の手段が人間の「手」から「機械」に代わると、機械を所有する「資本家」が生まれました。**カール・マルクス**（1818〜1883）は、歴史をすべて階級闘争で読み解き、「労働者階級」を搾取する「資本家階級」を暴力革命で粉砕すれば、階級の区別のない「地上の楽園」が実現する、と説きました。

その「美しい物語」として、プロセス指向心理学の創始者、**アーノルド・ミンデル**は次のように表現しています。

『マルクスは、もし社会の経済的な基盤が変化したら、文化もやがて変化すると考えた。もし人々が私有に対する信仰を放棄したら、一部の人々の利益と大衆のニーズの間にある対立はなくなるだろう。』（アーノルド・ミンデル『対立の炎にとどまる』英治出版、2022年⑧、P280）

『共産主義者たちは、誰もが利己心を手放して他のみんなのために働くユートピアを作り上げることを望んだ。』（⑧アーノルド・ミンデル、P284）。

このメッセージは、いまコミュニティで語られている「美しい物語」と、ほとんど重なります。「私有に対する信仰」が、社会の醜さの元凶だとして、目の敵にしているのです。

マルクスの「美しい物語」は、すさまじい勢いで世界中に広がりました。いまから50年前の大学の経済学部は、ほとんどマルクス経済学の教授で占められており、若者の大半は

「美しい物語」に酔っていました。プロローグでご紹介した「連合赤軍」は、決して例外ではなかったのです。

ところが、実際に実現されたソ連という国は、数百万人（公式発表は70万人）の国民を「反革命分子」として処刑しなければ体制が維持できなかったし、どの共産主義国家も独裁者が牛耳り、共産党員という新しい階級が出現し、「地上の楽園」からは正反対のとんでもない社会になっていったことは、いまでは周知の事実です。

つまり、多くの殺人を犯して犯罪集団に落ちぶれてしまった連合赤軍と、まったく同じことを、はるかに大規模に、国家レベルで実行してしまったのです。これを、スターリンというひとりの男の狂気じみた行動と解釈する人が多いのですが、むしろ共産主義という「美しい物語」がもたらした恐ろしさだ、というのが本書の解釈です。ソ連以外の共産主義国家でもおおむね同様な現象が起きたからです。

スターリンの狂気は、衛星国に対するすさまじい抑圧となり、ウクライナでは数百万人が意図的に餓死させられるという「ホロドモール」という悲劇につながったこともよく知られています。

衛星国に対する極端な抑圧は、ポーランドをはじめとする多くの国をアンチ・ロシアにし、ソ連崩壊後にNATO加盟に走らせ、それがプーチンによるウクライナ侵攻につながったことも「美しい物語」による弊害のひとつに数えられます（3）。

共産主義が破綻した後、アーノルド・ミンデルは東ドイツ出身者にインタビューし、その言葉を次のように引用しています。

『彼は、共産主義の本来の理想は、彼がそれまでに出合ってきた何よりも魅力的であることを認めた。理想、それが問題だったのだ！』（8アーノルド・ミンデル、P293）

魅力的な理想、誰しもが酔いしれる理想……でも、きわめて多くの人を魅了したこの「美しい物語」が、数百万人の命を奪い、多くの国で独裁者によるディストピアを作り、その国民を不幸にする源であったことは、目を背けてはいけません。

「いまの社会の問題点を解決して、すべての人を幸せに……」という「美しい物語」は、ほとんどの場合「シャドーのモンスター」の投影によって生み出されます。

理想を追っているうちに、いつの間にか「シャドーのモンスター」に乗っ取られ、理想の反対方向に進んでしまう危険性を共産主義革命の失敗が教えてくれています。

本書のサブタイトル **〝「社会という怪物」と格闘する人々〟** というのは、まさにこのことを意味しております。資本主義というモンスターと格闘してきた人たちが、共産主義に走り、結果として、またモンスターを育ててしまい、いま、何百万人もの人々が「共産主義というモンスター」と格闘して苦しんでいるのです。

より良い社会を夢想した「コミュニティ」も、モンスターに育たないという保証はどこにもありません。

本当は、社会というモンスターを鎮めようとしたら、まずは、自らの心の中に潜むモンスターと格闘して鎮める、というのがスタートポイントです。

これが、「心の闇の力学」の神髄です。以下、共産主義革命に対する「心の闇の力学」を見ていきましょう。

「私有に対する信仰」というのは、「エゴ」の働きですが（プロローグ）、それは「怖れと不安」が源であり、結局は「シャドーのモンスター」から出てきます。その「シャドーのモンスター」から逃れたいがために、マルクスも、コミュニティの指導者たちも、「美しい物語」にすがりつき、これで理想の社会が実現できると語っているのです。「争いのない社会」「階級のない社会」といった理想は、未来永劫に実現しません。それは、「シャドーのモンスター」が一匹もいない人間で社会が満たされる、という幻想と同じです。目に見える「階級」がたとえなくなったとしても、目に見えない「階級」＝「ランクorパワー」が必ず残る、とミンデルは指摘しています（8）。

共産主義革命は、階級闘争という視点で社会を見ています。これは、**「労働者＝正義」「資本家＝悪」という「シャドーのモンスター」の投影**を出発点としております。つまり、典型的な「正義と悪」というパターン化です。「シャドーのモンスター」のレンズで社会を見た結果がマルクスの理論になっているのです。

もちろん、それが間違いだ、ということではなく、それはそれで一理あるのですが、その理論の背後にものすごい数の強力な「シャドーのモンスター」がうごめいていることに気づかなくてはいけません。

「シャドーのモンスター」が暴れているのは資本家だけでなく、労働者も革命を遂行する人も同じです。資本家のモンスターを退治したつもりが、今度は自分のモンスターが表に出てくるだけです。

実行手段としての暴力革命も、当然「シャドーのモンスター」が源の「戦う力」をフルに発揮します。

人類は、とても長い間、部族間、あるいは国と国との紛争を武力で解決することに何の疑問も持っていませんでした。アレクサンダー大王やジンギスカンの時代には、武力で他国を侵略することが正義とみなされていました（3）。

社会の改革に関しても、王を頂点とする封建主義社会から民主主義社会への変換点となったアメリカ独立（1776年）、フランス革命（1789年）などは、いずれも独立戦争やバスティーユ襲撃など暴力を伴っています。この社会改革は、巻頭のコミュニティ・チャートでは「アンバー」から「オレンジ」への転換に相当します。

「オレンジ」というのは、依存を断ち切ってガソリンエンジンでブイブイ走ることをよしとする文化ですから、「シャドーのモンスター」が源の「戦う力」を変革の原動力に使ったことは正解だったかもしれません。

ところが、マルクスが100年前に階級闘争による社会改革を説いた時、既得権益を手放したくない資本家階級を粉砕するためには暴力やむなし、と考えたのは正解だったでしょうか？

マルクスは資本主義社会からの脱出、つまり「オレンジ」から次の社会への革命を目指していたのだとしたら、もう「戦う力」は使えません。なぜなら、ガソリンエンジンの出力を絞って、モーターを回さなければいけないときに、またブイブイとガソリンエンジンをふかしてしまうからです。

「暴力革命」というのは、「アンバー」から「オレンジ」への転換には有効だったのですが、「オレンジ」から次の社会への転換手段には使えないのです。

マルクスが「暴力革命」を説いた段階で、すでに失敗が確約されていました。

つまり、「シャドーのモンスター」を原因とする「社会的病理」に対して、「シャドーのモンスター」のレンズで読み解き、「シャドーのモンスター」の手段で解決をはかろうとしているのです。これは、はっきりいって絶望的です。結果として「シャドーのモンスター」を強化しただけだったでしょう。

それが、数百万人の虐殺を生み、多くの国をディストピアに追い込んでしまった原因に見えます。

いまから振り返ると、これほど明白にダメなことが解説できる「共産主義革命」ですが、何十億人という人々を巻き込み、失敗が表に出て明らかになるまで70年、原因がはっきりと心理学的に究明できるまでに約１００年の歳月が流れました。人類という生き物は、まだそれほどは賢くないようです。

プロローグでご紹介した、連合赤軍やオウム真理教のケースは、社会改革を目指していたコミュニティが先鋭化して反社会的になっていった例ですが、「共産主義革命」は、はるかに規模が大きく、社会全体が狂っていったとも表現できます。

これが「美しい物語」の、とても恐ろしい側面です！

ただし、ここで述べた「美しい物語」というのは、それからはるかに遠い人が「あこがれ」「見果てぬ夢」「目標」として掲げるもので、闇雲にそれに向かって走り出してしまうので悲劇が発生する、というストーリーです。これを**「生存の美しい物語」**と呼びましょう。

それとは別に、そのレベルに本当に達した人が示す**「存在の美しい物語」**というのもありえます。この後、7章、10章、11章でお話する「フィンドホーン」というコミュニティでは、おそらく創業者たちは**「存在の美しい物語」**を語っていたと推定できます（天外は何人かお会いしています）。

ところがその後、大勢集まってくると、ほとんどの人はガソリンエンジンをふかしており、創業者たちの「美しい物語」を表面的に追って、実質的には、**「生存の美しい物語」**を追う集団にいつの間にかなったのではないかと思います。

「生存の美しい物語」と「存在の美しい物語」は何が違うのか？　言語表現は何も変わりません。だから、ほとんどの人には区別がつきません、背後で、ガソリンエンジンが回っているか、モーターが回っているかの違いです。

5. 老舗コミュニティのストーリー

限りなく質素な生活を続ける「アーミッシュ」という社会

さて、以上のように人間の意識・無意識に潜む秘密を理解したうえで、実際のコミュニティを見ていきましょう。最近ブームになっている新しいコミュニティに関しては12章で訪問記としてご紹介しますが、その前に代表的な老舗のコミュニティを北米でひとつ、日本でひとつご紹介します。いずれも現在でも元気に活躍しています。

カウンターカルチャー以前のコミュニティは、農業、牧畜業などの一次産業を中心とした自給自足を目指し、不足分を農産物、牛、豚、鶏、牛乳、卵、手工芸品などの外部への販売で補っていました。「エゴの暴走」を極端に嫌い、「共助」を表看板に掲げる傾向は共通です。本章でご紹介するふたつの老舗も、その典型であり、これがコミュニティの原風景です。

カウンターカルチャー時代になると、千差万別ですが、たとえば全米トップクラスのマッキントッシュ販売店チェーンを経営するコミュニティなども出てきました。つまり、「エゴが暴走」する資本主義社会に片足を突っ込んだヒッピーたちも結構いたのです。前述のように左翼運動家の多くがカウンターカルチャーになだれ込んでいきました。

私は1997年から「UNIX」というOSを積んだコンピュータ・ビジネスを始めましたが、優秀なエンジニアを採用しようとすると学生時代の活動歴があって人事に止められるケースが頻発しました。彼らの中にはコミュニティを運営している人たちもいました。当時、最先端のOSであったUNIXやアップルのマッキントッシュがカウンターカルチャーの象徴であり、最先端のテクノロジーとカウンターカルチャーが一体化していたのです（プロローグ）。

やがて、左翼運動家やカウンターカルチャーの申し子たちが次々に引退していき、IT業界にはほとんどいなくなりました。そのせいか、最近のコミュニティには、最新テクノロジーとの接点があまり見られません。私の目から見ると、「技術文明の最先端」という

5. 老舗コミュニティのストーリー

立場から後退してむしろ原風景に戻っている感があります。以下、老舗のコミュニティの中に、その原風景を見ていきましょう。

さて、それでは最初に**「アーミッシュ」**という超有名な宗教的コミュニティをご紹介しましょう。「アーミッシュ」という名称は、創始者の**ヤコブ・アマン**（１６４４～１７３０）の名前からきています。

住民は、ルター派の敬虔《けいけん》なキリスト教徒であり、農業や牧畜を中心とした自給自足社会を営んでいます。農産物やジャム、キルトなどを外販しています。アメリカやカナダなど広い地域に多くのコミュニティがあり、住民合計は35万人だそうです。

自動車や電気などの近代文明を拒否し、馬車とランプの生活をしており、快楽を拒否して、限りなく質素な生活をしています。お化粧や身を飾るアクセサリーは厳禁です。

余分な知識は神に対する謙虚さを失わせるとして、聖書以外の書物を読むことは禁止され、学校もコミュニティ内部の8年間の義務教育だけで終わりです。

音楽は、讃美歌以外は禁止されており、自己顕示欲につながるとして楽器の所有や演奏が禁じられています。歌もソロは自己顕示欲につながるので斉唱のみです。

怒りや喧嘩はご法度です。身を飾ることにつながるので、写真や鏡を見ることも禁じられています。

16歳になると、1年間だけ外の社会で暮らすことが許されます。1年後にアーミッシュに戻るか、外の社会に行くか決められます。アーミッシュを出ると決心すると、もう生涯家族とは絶縁になります。かなりの人が、再びアーミッシュ社会に戻ってくるようです。

300年前の社会を再現しているのですが、当時の極端な家父長制や男性至上主義もそっくりそのまま踏襲しています。

徹底した**「降りてゆく生き方」**が実行されていますが、必ずしも清らかな楽園とはいえず、近親者から性的迫害を繰り返し受けた女性の被害がきわめて多数報告されています。事件を隠蔽《いんぺい》する体質と、怒りや紛争を禁じている文化、加害者の男性を大切にし、被害者の女性をあまり擁護しない体質が事態をさらに悪くしているようです。

その要因は、キリスト教による理想社会という「美しい物語」による抑圧ではないか、というのが天外の想像です。

アーミッシュ・コミュニティは、巻頭のコミュニティ・チャートでは宗教的な依存が残った**「アンバー」**です。「情」がものすごく厚く、同時に「こうあるべきだ」という宗教的な抑圧も強力です。宗教的な「理想的人間像」「理想的社会」というのは、ある意味では「共産主義」における理想より純粋で先鋭的であり、そこには観念的な「美しい物語」があります。

アーミッシュ・コミュニティというのは、文明社会からも降りているので、究極の「降りてゆく生き方」のコミュニティなのですが、同時に宗教的な極端な「美しい物語」も強いられており、4章で述べた「美しい物語」がもたらす弊害からは逃れられないと想像されます。

一般社会と住民との間の意識レベルのギャップは、強烈な信仰心が支えています。「実存的変容」へ向かうための特別なトレーニングはないようですが、キリスト教信仰の実践そのものが、トレーニングになっており、4章で述べた神への**「あけわたし」**は、多くの住民が達成している可能性があります。

逆に、近親者による性的虐待があるということから、「あけわたし」ではなく「洗脳」になっている可能性も否定できません。9章で詳しくお話ししますが、「あけわたし」なら「生き生きと輝いて活動的」になりますし、「洗脳」なら「精気がなく、くすんだ」状態になる、というのが天外の見解です。

その両方が混在しているかもしれません。

いろいろな問題はありますが、それでも設立から約３００年を経て、衰退することもなく、まだ35万人の住民がつつましく暮らしている世界最大のコミュニティを保っていることは驚異的です。カウンターカルチャー時代に星の数ほどもできたコミュニティの大部分が滅んでいったことと比較して、学ぶべき点はたくさんありそうです。

日本でも広がったコミュニティ「ヤマギシ会」とは？

さて次に、日本の老舗のコミュニティをひとつ、ご紹介しましょう。**山岸巳代蔵《みよぞう》**（１９０１〜１９６１）が１９５３年に設立した**「ヤマギシ会」**です。アーミッシュほど極端ではありませんが、一般社会とはかなりギャップがあるコミュニティです。

農業、養鶏・養豚を主体とした「生産共同体」「生活共同体」「財政共同体」で、国内に32か所、約１５００人がコミュニティを営むほか、ブラジル・スイス・韓国・オーストラリア・アメリカ合衆国・タイなど、6か所に海外拠点があります（注：2005年当時は国内38か所、海外7か所、計5500人、年商278億円）。それぞれのコミュニティを**「実顕地《じつけんち》」**と呼んでいます。

「すべての人が幸福である社会」という旗印のもとに、私有財産、私有物を一切否定し、パンツに至るまで共用するというフィロソフィーがベースで、総じて**「ヤマギシズム」**と呼ばれています。

「ヤマギシズム」を徹底するため、**「特講《とっこう》（特別講習研鑽会）」**と呼ばれる1週間の合宿トレーニングがあり、その受講が入会資格になります。「特講」は生涯で1回しか受けられません。基本的には、私たちが常識的に持っている固定観念を外し、**「決めつけのない自由な発想」**を獲得することを目的としています。

「特講」に関しては、ウイキペディアに相当詳細な解説記事があり、そちらをぜひ参照してください。鶴見俊輔、小田実、本多勝一、見田宗介など、カウンターカルチャー時代に活躍した多くの論客が論評を寄せていることは興味深いです。称賛の声もありますが、「洗脳だ！」という厳しい意見もあります。

どちらも一理あるような気がします。読者それぞれでご判断ください。私からは、これらの論評に含まれていない心理学的側面を解説します。

「特講」では、嫌いなものに対して「なんで嫌いなの?」、あるいは怒りに対して「なんで怒りを感じるの?」といった、同じ質問を延々と繰り返す、などの手法が使われています。

これは、カウンターカルチャー時代にエサレン研究所で開発された手法(7章)の一部に酷似しています。それは、たとえば**「who are you(あなたは誰)?」**といった同じ質問を、2時間も3時間も繰り返すといった方法論です。

繰り返しによって、人は論理的思考を破壊され、変性意識状態へ追い込まれます。「特講」の結果、「もう嫌いなものはなくなった!」「怒りはなくなった!」と大量の涙にまみれることがあります。そうすると意識の変容が完了した、とみなす人が多いですが、これは、はっきりいって勘違いです。

ワークの結果、異常に感情が高ぶることを**「センセーション」**と呼びます。涙だけでなく、怒りや悲しみや喜びも含みます。指導者や本人はすごいことが起きたと思いがちですし、たしかに無意識には触れているのですが、だからといって必ずしも意識の変容ではなく、一時的な高揚感で終わることのほうが、はるかに多いことが知られています。

カウンターカルチャー時代の初期の**エサレン研究所**で開発された様々な手法（7章）を、ねずみ講的お金儲けに応用した「自己啓発セミナー」は、１９８０年代の日本でも大流行をしました。参加者を「センセーション」に追い込み、これはすごいセミナーなので、自分で参加費を払ってでもほかの人を誘いなさい、というすさまじい勧誘で拡大しました。

しかしながら、意識レベルが高くない指導者が、お金に目がくらんで、無意識レベルの高度なワークを実行するので、精神を病んでしまう人がずいぶん出ました。１９９０年代にマスコミが叩き始めましたが、オウム真理教の事件が起きて、糾弾が中途半端で終わったきらいがあります。「自己啓発セミナー」は下火になり、やっていた人たちはどっとコーチングになだれ込みました。「自己啓発セミナー」出身者のコーチングは要注意です。「センセーション」による一時的な意識の高揚感を、マーケティングに利用し、金儲けに走る団体や個人は危険です。

「ヤマギシ会」では、私有財産をまったく認めていないので、入会時には全財産の寄付をします。かつては、退会時には一切の返却はありませんでした。これは、オウム真理教などと同じですね。

ご多聞に漏れず、多くのトラブルに見舞われましたが、退会者からの訴訟は、ほぼ「ヤマギシ会」側が敗訴しています。もちろん、入会時には一切返却は求めないという契約をしているのですが、公序良俗に反するとして、その契約自体が無効との判決が出ました。ドイツでは「ヤマギシ会」は、カルト教団と認める判決が出ています。

子どもに関する様々な訴訟も起きています。山岸巳代蔵は、私有財産だけでなく、親が子どもを所有する、ということを否定しており、カウンターカルチャーと同じく共同子育てを模索しました。

最近ではだいぶ緩くなっていますが、かつては5歳になると親から切り離され、子どもたちだけの共同生活になり、親に会えるのは月に一度のみでした。退会した時の子どもの扱いをめぐるトラブルや訴訟も数多く報告されています。

人間が頭で考えて「こうあるべきだ」と思ったことは、ときに大自然の摂理から外れている可能性があり、「共同子育て」という概念はもう少し慎重に扱う必要性がありそうです。統一教会などに見られた、結婚をコントロールする、という概念もそのひとつです。これは、ヒットラーなどがはまった**「優生思想」**につながる危険性があります。

山岸巳代蔵にも優生思想が見られるという批判も聞かれます。会の発展のためには優秀な子どもが生まれるように、母親は若くあるべき、父親は勤勉でなければいけない、という方針で結婚がコントロールされました。本人の意思がどのくらい尊重されたのかはわかりませんが、優秀な中年男性に若い女性があてがわれたようです。

これは、会の発展に貢献できない人は低く見る、という傾向を暗示しており、障害者や弱者を排除する傾向につながる危険性があります。

スパイラル・ダイナミクス（3章、巻頭のコミュニティ・チャート）を参照すると、優生思想というのは**「生存のレベル」**であり、山岸巳代蔵は**「存在のレベル」**には十分には達していなかった、つまり**「実存的変容」**を超えていなかった可能性があります。

女性が若くなければいけない、男性は勤勉でなければいけない、というのは「存在」よりも優秀な子孫を残す「能力」や「貢献」「態度」を重視しているからです。

山岸巳代蔵は自分自身が、まだまだガソリンエンジンが勢いよく回っている状態で、「社会的病理」がまったくない魅力的な「美しい物語」を描いてしまったのでしょうか？

しかしながら、カウンターカルチャーが始まる以前に、また、エサレン研究所が人間心理の微妙な深層を解明する前に（7章）、しかも深層心理学的なセラピスト体験もなしに、「センセーション」が起きる、つまり人の深層心理にアプローチができる「特講」を編み出し、次の社会の理想像を詳細に描き出した才能は生半可ではありません。

だからこそ、多くの人がはまったのでしょう。

1990年代は、訴訟も相次ぎ、批判的な書籍も何冊も出版され、マスコミにもこぞって叩かれ、「ヤマギシ会」にとっては受難の時期でした。会員数も減り、「特講」の受講者は1994年には500名だったのが、4年後には25分の1に激減しました。

その反省から、財布の共有化には一年間の猶予期間を設けたり、退会者の返金に関しても妥協点を見出したり、様々な改善策が講じられました。現在は縮小した規模で、特にトラブルは報告されていません。受難の時期を経て、ひと皮むけたのでしょうか。

いま財布を共有化して平安に暮らせている人たちは、「ある程度勢いよくモーターが回っている人たち」ではないか、という推定を前章で述べました。でも、ウイキペディアの評論の中には「洗脳されて去勢された人」という解釈もあります。

同じように、トラブルになったのは、「ガソリンエンジンが回っているのにモーターで走っているふりをしていた人」だったのか、あるいは「洗脳されなかった人」なのか、ということになります。

意識の変容なのか、それとも洗脳（マインドコントロール）なのか……その違いはとても微妙です。まったく同じ「特講」を受けても、それが意識の変容につながる人と「洗脳」になってしまう人と、両方出てくる可能性もあります。ウイキペディアの多くの評論では、そこまで突っ込んだ議論はありません。

幽霊のようにとらえどころがない「マインドコントロール（洗脳）」については、9章でお話しましょう。おしなべて、私の解釈による「洗脳されて去勢された人」は、とても優しく、いい人だけど、なんとなく精気がなく、くすんだような印象になります。また心が頑なで、柔軟性に欠けているという傾向も見られます。

「特講」は、「センセーション」が起きるほど深層意識には触れているので、ある程度はモーターで走るサポートはできていたことは確かでしょう。それを、全員が「実存的変容」に達したと錯覚したところが、トラブルにつながったと思われます。

同じワークでも、人によって変容になったり、「洗脳」になったりする可能性には注意が必要です。「特講」に関するポジティブな評価とネガティブな評価がありますが、両方とも正解なのかもしれません。

「センセーション」による、一時的な精神の高揚を評価しすぎると、「自己啓発セミナー」と同じように、「マインドコントロール（洗脳）」的な傾向が強まります。

2023年の「コミュニティを深堀りするフォーラム」では、5人のコミュニティ・ソース（主宰者）に焦点を当て、4月～6月に5か所のコミュニティを訪問しました（12章）。その番外編として、たまたま私のオンラインサロン「サロン・ド・テンゲ」の会員でもある**奥村昌彦《おくむらまさひこ》さん**にご案内いただき、彼が所属する「ヤマギシズム生活岡部実顕地（埼玉県深谷市）」に10人ほどで訪問しました（8月31日）。

5人のコミュニティ・ソースのうち参加してくれたのは1人だけでした。

ここでは、養鶏はやっておらず、農業と養豚で生計を立てておられます。ご多聞に漏れ

ず、かつては２００人いた住民が現在は約40名に減っております。

広い敷地の中に、住居や清潔な養豚場が点在しています。養豚場には、見学者は入れません。住民の方々にもご参加いただいて、夕食を挟んでかなり長時間お付き合いいただきました。

「天外塾」の、このフォーラムは**「深堀り」**を看板にあげておりますので、なぜ衰退しているように見えるのか、マスコミから袋叩きにあっていた時の様子などを率直に伺い、とても有意義なダイアログができました。

天外が気付いたのは、住民の全員が**「メタ認知」を獲得できている**ことです。「メタ認知」というのは、自らの言動を第三者の視点で客観的に見ることができる認識様式であり、一般の方は、ほとんど獲得できておりません。「天外塾」では、そのための「鳥の瞑想」という手法を提供しております（7章）。

このことから、「特講」というのは、おそらく「メタ認知」を獲得するレベルまではサポートしていると推定できます。ただし、「実存的変容」まではまだ距離があります。

さて、ここまで「ヤマギシ会」について、ものすごく大雑把なご紹介と、わずか1日のごく軽い見学記を述べました。次章では、コミュニティと一般社会の意識のギャップを埋めるためのトレーニング法について深掘りするので、その準備のために「特講」について、少し詳しく心理学的な解説をしました。

ただし、私自身は「特講」を受けたことはなく、「特講」全般に対するご理解は、前述のように、ウイキペディアの記事などをご参照ください。

最後に、少し古い情報ですが、「ヤマギシ会」について社会学者が研究対象として、しっかり調べている書籍をご紹介しましょう（9黒田宣代『「ヤマギシ会」と家族』慧文社、

２００６年）。

著者の黒田さんは、ご自身で「特講」や「研鑽学校」を受けられ、内部に入り込んで長年詳細な調査をされました。

貴重なアンケートも数多く取られましたが、内部の調査は拒否されたので脱会者など外部に人から調査をしました。そのため、きわめてネガティブなコメントばかりが集まっていますが、これを読むと「ヤマギシ会」の実態がよくわかります。

黒田さん自身も、かなりネガティブな結論を書いておられますが、この本は数ある「ヤマギシ会」批判本の中では、かなりマイルドな方だということはご承知おきください。

6. 意識レベル向上へのアプローチ

社会とのギャップをメソッドで埋める試み

さて、プロローグでは、共産主義革命やカウンターカルチャーの看板だった「エゴの暴走からの脱却」を**「自我（エゴ）」**と**「ペルソナ（超自我）」**の対立から解きあかし、さらに2章では、**ガソリンエンジン（シャドーのモンスター）とモーター（真我）**というふたつの推進力から説明しました。

3章では、個人の意識の成長・発達の階層の構造と、それぞれの階層で社会的病理をどう扱うかに関して述べました。

4章では、**「心の闇」**から**「美しい物語」**が生まれることと、その恐ろしい弊害について述べました。

5章では「美しい物語」を標榜するふたつの老舗コミュニティと、その問題点をご紹介しました。一般社会とはギャップがあるからこそコミュニティの存在意義があるのですが、何がしかの摩擦も生じます。これが、コミュニティの原風景でしょう。

本章では、**コミュニティと一般社会のギャップをトレーニングで埋める**、という方向性について探求しましょう。すでに5章で紹介した「ヤマギシ会」における「特講」が、その方向性の一例なのですが、「ヤマギシ会」の問題点を解決すべく新たに結成された**「アズワン鈴鹿」**のストーリーです。

２０２３年に**「コミュニティを深堀りするフォーラム」**を企画し、5月23日に「アズワン鈴鹿」を訪問する予定でした。ところが、直前になって突然、あり方やオペレーションを抜本的に見直す、というフェーズに入ってしまい、外部との一切の公式な交流活動がなくなりました。

１９９０年代、「ヤマギシ会」が深刻な問題に直面し、見直しが進められている中で、なかなか話がまとまらず、「ヤマギシ会」のしがらみから脱出して、ゼロからやり直そう、という人たちが**小《お》野《の》雅《まさ》司《し》さん**など数人を中心に鈴鹿に集まりました。

２００1年には外部からの参加者も含めて１００人くらいになり、集まってみると、「ヤマギシ会」時代には、いかに集団に合わせて、自分の意見や気持ちを抑えていたかが多く語られました。

前述のように、ほとんどの人が、ガソリンエンジンが回っているのに、モーターで走っているふりをしていたのでしょう。

「キメつけ」をしない、がうたい文句の「ヤマギシ会」が「キメつけ」だらけになっていたということです。

その反省から、**「何かに依存するのではない、仲間意識に巻き込まれない、意識共有から解放された、主体的な一人ひとりに成長」**という方向が見えました。

そして、２００4年から6人のメンバーによる**「サイエンズ研究所」**が立ち上がりました。最後の「ズ」は、ｚｅｒｏから見直す、のzです。

「サイエンズ・スクール」というのが設立され、その中の1週間の**「アズワンセミナー」**が「ヤマギシ会」の「特講」の役割を肩代わりしていました。その内容に関しては、この後ご紹介します。

このコミュニティの名称「アズワン鈴鹿」は、ビートルズのジョン・レノンが作詞した

「イマジン」の最後のフレーズからとっています。

You may say I am a dreamer.　夢みたいなことをいって、と思うかい？
But I'm not the only one.　でも、それは僕だけじゃないんだよ
I hope someday you will join us.　いつの日か、君も仲間になってくれるといいな
And the world will be as one.　そして、世界はひとつに融合していくのさ

（翻訳・文責：天外伺朗）

２０２２年11月29日、「アズワン鈴鹿」の古参メンバーの**岸浪龍《きしなみりゅう》さん**が「サロン・ド・テンゲ」で講演をしてくれました。また、翌２０２３年1月28～29日、湯河原の「ご縁の杜」に、岸浪龍さんをはじめ、**滝沢泰平さん**、**戸谷浩隆さん**などのコミュニティ・ソースが集まって、合宿をしました。戸谷浩隆さんは「サイエンズ・スクール」を受講しておられ、受講者の立場からお話を伺うことができました。

いま（２０２３年12月）わかっている範囲で「アズワン鈴鹿」のご紹介をします。ただし、今回の見直しが終わると、すっかり変化している可能性もあります。

「アズワン鈴鹿」の住民は約200名、そのうちお財布まで共有しているメンバーは約70名です。共有していないメンバーは、月額25000円の会費を払っていました（これは2023年5月に撤廃されています）。

農業は田んぼ10ha、畑8haでやっており、日に約1000食の弁当を作る「おふくろさん弁当」などのビジネスを展開しています。

財布の共有に関しては、何度か仲間内でトラブルになり、ゼロに立ち返って見直しをしたそうです。つまり、今回の見直しは初めてではなく、問題点が発見される度にゼロから見直しをするという体質があるようです。とかくコミュニティは、うまくいっているかのように装う傾向がありますが、この装わない点が「アズワン鈴鹿」のユニークさです。

岸浪龍さんは、「おふくろさん弁当」を立ち上げた功労者ですが、ある日「龍君、皆のために社長をやめてみたら」と言われました。やめた後10か月間何もせず、かなりしんどかったそうです。

岸浪龍さんは、「おふくろさん弁当」の社長時代は、能力、やる気、貢献などで自分は評価されていると信じ、頑張っていましたが、社長を辞めて、何もやらなくなると、自らの価値がないように感じて落ち込みました。しかし、意外に皆から温かく迎えられ、何もやらなくても自分は受け入れられている、と感じたそうです。

これは、「アズワン鈴鹿」が**「安心・安全の場」を提供できていた**という証拠です。「安心・安全の場」というのは、まともなコミュニティのひとつの条件でしょう。

岸浪龍さんの変容は、「降りてゆく生き方」であると同時に、3章でご紹介した**「生存のレベル」から「存在のレベル」への価値観の変容**です（スパイラル・ダイナミクス）。

逆にいうと、社長を辞める前は、まだガソリンエンジンがブンブン回っていたということであり、「辞めてみたら」というのは、的確なアドバイスだったということがわかります。

「アズワン鈴鹿」では「ヤマギシ会」が母体だった関係で、設立直後に、まずは山岸巳代蔵の著作を全集として出版しました。彼のフィロソフィーと「ヤマギシ会」の実践との違いを調べ、かならずしもフィロソフィーにそって実践されていなかったことを発見しています。

さらに、いままでは山岸巳代蔵が発見した真実に近づこうとしてきましたが、「知る」というアプローチではいくら努力しても真実に到達できないことがわかり、それをやめてゼロから見直すことにしました。

その内容は、「キメつけ」をしないという「ヤマギシズム」を、さらに徹底しようとしたように外部からは見えます。

人間社会はフィクションに満ちており、その中には「思い込み」（～ねばならない）から生まれたフィクションが多く含まれており、自ら作り出したフィクションに人間自身が縛られてしまっている（自縄自縛《じじょうじばく》）ことがある……それを丁寧に掘り下げ、外していくことにより、人間本来の姿に戻り、すべてのものと調和し、自然とともに、争いのない、気持ちのままにやさしく生きられる社会が実現する……というフィロソフィーです。

「サイエンズ・メソッド」というのは、次の４つのステップからなっています。

①「人間の考えを知る」↓「キメつけ」、「思い込み」（～ねばならない）など、人間の考えを知る。

②「事実・実際はどうか」↓実際の世界に目を向ける。

③「本来・本質・本当はどうか」↓自然界の理を知る。人間らしい姿を知る。

④「理想を実現する」↓自然界の理にかなった社会＝争いのない、幸せな社会を実現する

6. 意識レベル向上へのアプローチ

「サイエンズ・メソッド」では怒りや悪感情や対立の原因として「キメつけ」や「思い込み」(〜ねばならない）をあげています。ただし、それらを悪いこと、ダメなことと見て、なくそうとするのではなく、「キメつけ」はどうして起きるのだろう、「思い込み」とはどうなっているのだろうと、そのメカニズムを探っていくというアプローチをとっています。

じつは、いかなる情動でも、悪いこと、ダメなこととしてなくそうとすると、それは無意識レベルに抑圧され、かえって巨大化することが知られています(2章)。その意味では、悪いこと、ダメなことと見ない、という、上の記述は大正解なのですが、はたしてそれが本当にできているかは、かなり疑問です。

じつは、怒りや悪感情や対立の原因として「キメつけ」や「思い込み」をあげた段階で、人はもう、それらを「悪いもの」として自動的に判別しています。そして自動的に抑圧し、巨大化させ、モンスターを育てています。

いくら、言語を使って「悪いもの」とはみなさないでくださいと理性に訴えてもダメでしょう。これは、サイコセラピーの世界では常識です。

「梅干を思い浮かべてください」といわれると、口の中に唾がわきますが、「梅干を思い浮かべないでください」といっても、ほとんど同じように唾がわきます。

人間の心理を、言語と理性でコントロールできると思うのは大間違いです。

巻頭のモンスター図をご覧いただくと、一番上に**「意識層」**があります。言語と論理はここの住人です。つまり「シャドーのモンスター」や「真我」などの「無意識層」の推進力や深い信念とは、直接的にはつながっていないのです。「大脳新皮質」だけが働いている言語と論理だけで何かを意図しても、私たちはその通りに進めるわけではありません。

言語を使って「古い脳」が司る深い信念につなげるためには、様々な工夫が必要ですが、そのひとつの方法論が、繰り返すことです。

「特講」で、同じ言葉をやたらに繰り返すことにより、「センセーション」が起きるのはそのためです。繰り返しは、スポーツのメンタルトレーニングにおける「アファーメーション」でも使われます。

もうひとつの方法論は、過去の出来事での情動やその要因と、それを記述する言語との微妙な関係を、丁寧に解きほぐしていくやり方（**「言語と論理による認知的アプローチ」**）

です。

言語で記述された情動は、情動そのものではなく、情動にほのかに紐づけられた表象にしかすぎません。論理で解き明かされた情動の原因は、原因そのものではなく、100万もある原因のひとつにしかすぎません。

脳科学的にいうと、花を見て「あ、きれいな花だ」と言ったとたんに、美しいと感じた情動からすでに離れています。美しいと感じた時には、古い脳の「辺縁系」が発火していますが、「あ、きれいな花だ」と言ったときには「辺縁系」の発火は消えており、大脳新皮質（左脳）のブローカ野を中心にウィルニケ中枢などの言語野と、発話をつかさどる運動野が発火しています。ただ、美しい花だと感じた情動と「あ、きれいな花だ」という言語は、ほのかに紐づけられています。

その、ほんのかすかな紐づけを頼りに意識レベルの言語から無意識レベルに迫ろうとするのが、**「言語と論理による認知的アプローチ」**です。

一人の人の「怒り」という情動を紐解こうとしたら、その人の生まれてからの全人生が絡んできます。これは、とてもじゃないですが、言語や論理で表現できるものではありません。「怒り」と思っているけど、その底には「深い悲しみ」があったりして、情動そのものも一筋縄では表現できません。

人は、「あの人」の「あの言動」によって「怒り」がわいたと思っていますが、そうではなく、それまでの人生で蓄積してきた巨大な情動の塊、「怒りのモンスター」や「悲しみのモンスター」を外側に吐き出す状況を、自ら呼び寄せている、ともいえます。

モンスターは無意識レベルに生息しているので、自分ではわかりません。その存在が不快なので、何とか吐き出そうと、怒りを発揮するような状況を、無意識がわざわざ外側に作り出す、と考えられています。決して外側の状況によって怒りがわいたわけではなく、動作の機序はまったく逆です。

つまり、「怒り」や「悲しみ」は、論理的に追求できる表層的な理由そのものではなく、それとほのかに紐づけられた情動の巨大な塊が本質です。そしてその塊は、ほかのありとあらゆる情動ともつながっています。論理的に「怒り」の原因を発見できた、というのは大いなる錯覚です。

ところが、いままでの人生で蓄積してきた巨大な「怒りのモンスター」も「悲しみのモンスター」も、無意識レベルにあるので、そのままでは見えません。人間は論理的な動物ですから、それと紐づけされた表層的な理由が見つかると、納得してしまう傾向があるのです。

それでも、その理由は「怒りのモンスター」や「悲しみのモンスター」とは無関係ではないので、薄皮1枚はがれる程度の変容は体験できます。

「天外塾」で効果のあったワークの実例

「サイエンズ・メソッド」と同じように言語と論理で認知的に紐解いて、無意識レベルの推進力に触れて、意識の変容に導こうとする方法論として主なものを3つあげましょう(ほかにもいくらでもあります)。

(1) 由佐美加子が発見した「メンタルモデル」にもとづく紐解き

(⑩由佐美加子、天外伺朗『ザ・メンタルモデル』内外出版社、2019年)

(2) P・カーニックが開発した「マネーワーク」

(⑪T・ニクソン『すべては1人から始まる』英治出版、2022年)

(3) M・B・ローゼンバーグが開発した「NVC=Non Violent Communication」

(⑫M・B・ローゼンバーグ『NVC人と人との関係にいのちを吹き込む法』日本経済

新聞出版、2012年)

このうち「メンタルモデル」の紐解きに関しては由佐美加子《ゆさみかこ》を、また「マネーワーク」に関しては、上記文献⑪の翻訳者である青野英明《あおのひであき》を、それぞれ講師に招いて「天外塾」でワークショップを開いてきました(由佐塾は2016～2022年、青野塾は2023年～)。いずれも、とても効果が高いことが確認できました。このうち、「マネーワーク」の実例をひとつだけ挙げます。

2024年、鹿児島天外塾に、一般の受講生に交じって、たまたまバイポーラー(双極性障害)の女性が参加していました。1月の第1講は躁《そう》のピーク(山でいえば十合目)だったのですが、2月には鬱《うつ》(三合目)になり、坐っているのがやっとの状態でした。いつもだと、このまま3か月は寝たきりになります。

「マネーワーク」では、ポジティブとネガティブな言葉で、身体に響く表現を探り、スートラ(祈りの言葉)として唱えます。この時のスートラはこのようなものでした。

> 最低でも、最高でも、私は素敵な人です。そんな私はとってもセクシー!

最後の「とってもセクシー！」で、はじけるように笑い、彼女は元気になりました。それは、一時的ではなく、彼女は三合目より鬱の方向には行かずに、その後1か月間、躁になり、激しい興奮状態になってしまいました。

鬱から脱出するスートラは見つかったのですが、本当は躁を抑えるスートラも必要だったのです。そこで、スートラの「素敵な人」を「おだやかな素敵な人」に変更してもらいました。

このときは、いったん十合目を超えるほどの興奮状態まで行ってしまったため、変更したスートラを称えても、その後また落ち込んでしまいましたが、西洋医学的にも、カウンセリングでも、まったくお手上げのバイポーラーが、たとえ一時にしても、わずかなワークで鬱から脱出できた、ということは驚くべき効果だと思います。

鹿児島天外塾には、たまたま催眠療法がご専門の医師が出席しておられましたが、とても驚いておられました。

ただし、天外塾の「マネーワーク」では、オリジナルとは違い、このスートラを毎日、朝と晩に、瞑想状態で108回ずつ唱えます。言語と論理による認知的方法論から出発しておりますが、実質的には瞑想ワークになっています。

このような言語と論理による認知的方法論のすばらしいところは、本人にとても深い納得感が得られることです。**「ああ、そういうことだったんだ！」**と心の深いところで気づいて、涙にまみれることが多いです。

でもそれは、一種の「センセーション」で、一時的な感情の高ぶりで終わることもあります。言語と論理による認知的方法論だけだと「変容」につながったとしても、薄皮一枚はがれた程度の軽い変容のことが多く、その奥にまだ葛藤が残っています。

瞑想ワークを使うと、その奥まで行けるのですが、それに関してご説明しましょう。

たとえば、由佐美加子の発見した否定的な信念体系である**「メンタルモデル」**に基づいて天外は**「メンタルモデル瞑想」**という瞑想法を開発しましたが（文献⑩）、こちらでは薄皮1枚というよりは、もっと深いところまで一挙に変容が進みます。

早い人は数か月で、否定的な信念体系である「メンタルモデル」のスートラを離れて、自分にぴったりの**「ライフミッション」**のスートラがひとりでに降りてきます。「ライフミッション」というのは、否定的な信念体系の真裏にあるポジティブな「自分の全人生をかけて人類社会に働きかけたい信念体系」です（⑩）。

6. 意識レベル向上へのアプローチ

否定的な信念体系に支配されていると、様々な苦しみを体験しますが、その体験が「ライフミッション」の実現に絶妙に役に立つようです。人間の人生はすばらしく美しく設計されている、と由佐美加子は語っています。

否定的な信念体系から「ライフミッション」に移行する変容は「シャドーのモンスター」に直面して取り組んでいたワークが、ごく自然に「真我」にシフトしていったことに相当します（7章）。

言語と論理による認知的方法論が、意識レベルから無意識レベルへのアプローチ、いわば靴の上から足を掻いているのに対して、瞑想というのは直接的に無意識にアプローチするので効果が高いのだと思います。

ただし、毎朝、毎晩瞑想をするので、かなりきついワークになることと、本人には変容した自覚が得られない、という問題があります。自分にぴったりの「ライフミッション・スートラ」が降りてきたら、本格的な変容がスタートしたと思ってよいでしょう。

瞑想ワークによる変容は、「センセーション」のような意識の高揚は起きません。淡々と瞑想をしているうちに、大きく変容していることを他人から指摘されるケースが多いです。

世の中、「センセーション」をすごいことだと認識している人が多く、前述のように「自己啓発セミナー」などはそれを悪用してきました。意識の変容のサポートをしている指導者は惑わされないように注意が必要です。

「サイエンズ・メソッド」では怒りや悪感情や対立の原因として**「思い込み」**や**「キメつけ」**をあげています。これは、間違いとはいいませんが、問題です。

どうしてか、というと、そもそも言語というのは**「キメつけ」**のためのツールであり、言語を使っている限り、私たちは「キメつけ」から逃れることはできません。

ヒンズー教の苦行僧（サドゥー）などでは、一生沈黙を守り、鳴り物などでコミュニケーションをしている人がおりますので、沈黙のコミュニティは原理的には可能です（誰もやらないと思いますが……笑）。

「キメつけ」がまったくない社会というのは、全員がモーターだけで走っていて、ガソリンエンジンが一切回らない「美しい物語」だという一種の「キメつけ」（笑）を、この後詳しくお話しします。

私は、特に根拠はありませんが、ガソリンエンジンが一切回らない、つまり「シャドーのモンスター」が一匹もいなくなると、人間は生命を維持できないと思っています（2章）。

この後でもう一度説明しますが、**テイヤール・ド・シャルダン**という哲学者は、人類が全員そのレベルに達すると「この物質世界は消滅する」といっています。

怒りや悪感情や対立の原因は、大きくとらえれば「シャドーのモンスター」ということになります（2章）。巻頭のモンスター図には、「抑圧された性欲」「死の恐怖」、母親の子宮を強制的に追い出されたがための「バーストラウマ」など、古典的な深層心理学が明らかにしてきたモンスターが何匹か描いてありますが、このほかにも生きていく中で作ってしまった「親のモンスター」「嫌味な上司のモンスター」など、私たちは何百匹ものモンスターを無意識レベルに抱えて生きています。

これらのモンスターは、一匹一匹独立しているのではなく、溶け合っています。それは、「親子の葛藤」を解消するワークがうまくいくと、何もしないのに嫌味な上司との関係性が改善されるなどの現象が頻繁に起きているのでわかります。

巻頭のモンスター図に、怒り、攻撃性、恐怖感、不安感、自己否定、劣等感、嫌悪感、不快感などが、それぞれのモンスターに振ってありますが、これらは主な貢献であり、あらゆるネガティブな感情があらゆるモンスターから出てくる、というのが正確な表現になると思います。そもそも、感情に「怒り」とか「悲しみ」とかラベルをつけるというのは、人間が勝手にやっているだけであり、前述のように「怒り」の底に「悲しみ」があったり、本来は区別できるものではありません。

人間心理に関することを、物理学のような1：1の因果関係で説明することは無理があります。

「サイエンズ・メソッド」「メンタルモデル」の紐解き、「マネーワーク」などの言語と論理を用いた認知的方法論は、たしかに無意識レベルの葛藤へアクセスできていますが、比較的表層に近いレベルの葛藤を1枚1枚はがしているだけであり、その奥には、このようなモンスターが何百匹も溶け合ってうごめいていることを忘れてはいけません。

実際に「アズワン鈴鹿」でのトレーニングでは、上記の認知的なアプローチだけでなく、**「内観」**も取り入れられています。小野雅司さんが奈良県の大和内観研修所における1週間の研修を受けたのち、2006年5月から、サイエンズ・スクールのコースのひとつとして、内部講師により毎月開催されていました。

「内観」というのは、浄土真宗の「身調べ」というかなりきつい修行法を、一般でもできるように**吉本伊信**《よしもといしん》（1916～1988）が開発して広めた意識変容の方法論です。

具体的には、両親をはじめ、お世話になった一人ひとりを思い浮かべ、年齢を区切って**「していただいたこと」「して返したこと」「迷惑をかけたこと」**などを詳細に思い出します。1週間の合宿で、屏風で区切った狭いスペースから出ることは許されず、時折指導者と話す以外は誰とも口を利きません。ほとんど瞑想状態になるので、瞑想合宿といってもいいでしょう。

自分が育ってきた過程で、いかに多くの人の世話になったかが身に染みて、多くの人が感涙にむせびます。日本には主な「内観」道場が8か所あります。

これは、言語を使いますが、閉ざされた空間で長時間、瞑想に近い状態で過ごすので、無意識レベルへの直接的なアクセスが進み、とても効果があることが知られています。

サイエンズ・スクールの他のコースが言語と論理による認知的アプローチばかりなのに対して、「内観」は直接的に無意識レベルに作用します。

天外塾でも、**「親子の葛藤を解消するためのワーク」**の中で、誘導瞑想による簡略化した「内観」を取り入れています。

人と人が対立しないためのメソッド「NVC」とは?

さて次に、前記(P114)で紹介した言語と論理で認知的に紐解く、3つの方法論のひとつ、**「NVC=Non Violent Communication(非暴力的コミュニケーション)」**について、ごく簡単にご紹介しましょう。

「メンタルモデル」の紐解き、やマネーワークが、世界的に見ればマイナーなのに対して、**NVC**はものすごくメジャーであり、多くの企業の社員研修で使われ、先端的な学校でも導入されています。

開発者の、**M・B・ローゼンバーグ**(1934~2015)は、カウンセリングの来談者中心療法の創始者、**C・ロジャーズ**(1902~1987)の弟子で、自身も長年カウンセリングを実践している中で**NVC**を開発しました。

NVCは、意識変容のための方法論というよりは、人々が対立せずに尊敬と信頼に満ちた関係性を構築するための手法とフィロソフィーといったほうが正確かもしれません。非暴力という言葉は、ヒンズー教の教義「アヒンサー」からとっています。

基本的には、人々が**「自分のストーリー」**を手放すことができたら対立は起きない……「自分のストーリー」というのは、生き残りをかけて身勝手な思いを優先させる自分自身が作り出した幻想にすぎない、と説いています。

このあたりは、「キメつけ」や「思い込み」を幻想と退けて、そこからいかに離れるかを探っている「サイエンズ・メソッド」と、よく似ています。

そして、自分自身と相手の情動をしっかり観察し、自分と相手の**「NEEDS」**を把握する、という方法論です。これも、「サイエンズ・メソッド」でいう、「自分の気持ちを伝えようとする」、「相手の気持ちを受け取ろうとする」というのと、似ています。

NVCで「NEEDS」というのは、文献12では**「必要としていること」**という日本語を当てていますが、**「心の底に秘められた、根本的な欲求」**であり、必ずしも表面的に語られている要求ではないので、あえて本書では英語のまま「NEEDS」と表記しました。

英語で表記された「NEEDS」は、「サイエンズ・メソッド」でいう「気持ち」より、はるかに深い意味を持たせていますが、実際にどのくらい深く探求できるかはワークの現場で決まりますので、方法論の差とはいえません。

自分の「ＮＥＥＤＳ」を相手に提示するのは、必ずしも満たしてもらう必要はないこともあります。表面的な言動の背後にこのような「ＮＥＥＤＳ」があるということが相手に伝わり、「ああ、そうだったのか」と認めて、それにしっかり触れてもらうと、対立は和らぐからです。

同様に、相手に対しても、表面的には腹立たしいことを言っているけど、心の底にはこんな「ＮＥＥＤＳ」があったのだと知れば怒りが消えていきます。「ＮＥＥＤＳ」を受容する、ということは相手全体を受容することに通じます。

ＮＶＣの方法論では、観察し、情動に接地し、「ＮＥＥＤＳ」を探求した後に、相手に要求する、というプロセスがありますが、実際に運用してみると、お互いに深い意味での「ＮＥＥＤＳ」が交流され、受容・理解されたら、たとえそれが満たされなくても、争いや対立は軽減されます。つまり、最後の「要求する」以前に解決してしまうこともかなりあります。

しかしながら、私たちは「自分のストーリー」にとらわれてしまっているがために、自らの「ＮＥＥＤＳ」もなかなか見えなくなっており、ましてや相手の「ＮＥＥＤＳ」などは見ようともしません。それが争いや対立が起きる原因だというのが、**NVC**の基本セオリーです。深掘りできないで、自らの表面的な要求（これは「ＮＥＥＤＳ」ではない）を相手にぶつけてしまうと、**NVC**は失敗します。

「意識の変容」という観点からは、いかに深く「ＮＥＥＤＳ」を探求できるか、ということが**NVC**のキーであり、これはほかの言語と論理を使う認知的方法論でも共通です。「内観」とか、瞑想を使った方法論は、ワークそのものは大変ですが、ともかく定められた通りに実行すればそれなりに効果が出るのに対し、言語と論理を使った認知的方法論で意識の変容に導くためには、ワークを実行する人に、人間心理を深掘りする強力な力量が要求されます。

ただ、あまり深掘りを意識せずに表面的に**NVC**を導入するだけでも、その集団における人間関係は見違えるように改善されるようなので（おそらくそれで実現されるのはグリーンのレベル）、意識の変容まで求めるのは**NVC**の本来の目的ではないのかもしれません。

言語と論理による認知的アプローチの中では、この**NVC**というのがワールド・スタンダードのひとつです。心理学的にもしっかりしていて、広く普及しており、効果も確認されており、おそらく世界で、数十万人に実行しています。

だからといって、**NVC**を導入すれば争いのない社会ができるかというと、そんなことはありません。**NVC**でなくても、どんなスーパー方法論を持ってきてもダメでしょう。

「アズワン鈴鹿」では、このように実績のある**NVC**が拡がっている中で、「サイエンズ・メソッド」の自主開発に踏み切りました。自分たちの方が優れた方法論が開発できると思ったのでしょうか？

「アズワン鈴鹿」で開発された「サイエンズ・メソッド」と、**NVC**のどちらが優れているかという議論は不毛です。すでに述べたように、言語と論理による認知的アプローチは、ワークの実行者が意識から無意識に向かって、どこまで深く迫れるか、という力量の差が、方法論による差より大きいと思います。

「まず、ゼロから見直して、内部で開発する」というのは、私も大賛成です。ソニーの創業者の**井深大《いぶかまさる》氏**が私たち開発エンジニアに常にいっていたことは、新しい分野に飛び込むときは「勉強するな！」ということです。

新しい分野に飛び込まなければいけないときは、必ず何らかの問題を抱えているはずだ、一切の外部情報を遮断して、その問題を何日も何週間も集中して考えろ、というのです。最初に外部の情報に飛びつくと、世の中にはいくらでもいい技術があるから、それに目を奪われてアイディアが湧かなくなります。

この教えを守ってきたので、技術開発だけでなく、医療、教育、経営などの分野でも私は独創的な仕事ができました。

ただし、ずーっと閉鎖的ではだめで、これだと思うアイディアが出てきたら、それがいまの世界のすう勢の中でどう位置付けられるかをしっかり検証します。つまり、閉鎖的にスタートするのですが、ある時点から開放的になり、独善的・排他的にならない注意が必要なのです。

「アズワン鈴鹿」の「サイエンズ・メソッド」は、閉鎖的に始まり、閉鎖的のまま終わってしまったように、外部からは見えます。こういうやり方は、独りよがりの泡沫に落ち込む可能性大です。

NVCが社会に定着していく中で、泡沫のように、むなしく消えていった方法論は、それこそ何千、何万とあること、NVC以外にも広く普及している方法論は、数百はあることなどは留意すべきでしょう。

仏教で説いている「無分別智」の世界

さて、**「キメつけ」**に関して、もう少し詳しく見ていきましょう。仏教では、完全に「キメつけ」のない認識様式を**「無分別智」**といいます（巻頭のモンスター図参照）。「無分別智」というのは言語では表現できません、すべてが融合した、いわば「あの世」の智慧であり、時間も空間もない世界の話なので表現しようがないのです。時間がないということは、「論理」が一切通用しない世界です。

それに対して、ものごとを分け隔てて、分析したり、解析したりして認識している、「この世」の私たちの日常的な認識方式を仏教では**「分別知」**といっています。

「分別知」は、悟りを開いていない凡夫の、いわば**「あさはかな認識」**だそうです。科学は分析したり解析したりして、ものごとを分け隔てて理論を構築していますので、「分別知」、つまり「凡夫の浅はかさ」だ、というのが仏教の見解です。

「アズワン」が開発した「サイエンズ・メソッド」というのは、言語を使って論理的な分析を重ねて、何とか「キメつけ」のない世界を記述しようとしています（13杉江優滋、宮地昌幸『サイエンズ入門　No.5』サイエンズ研究所、２０１５年）。

言語と論理を使っていますので、当然「分別知」の域からは一歩も出ることはできず、「無分別智」の周囲をぐるぐる回っているように私には見えます。「サイエンズ・メソッド」で語りたかったのは、本当は「無分別智」のことだったのかな……という感じを持ちます。

じつは、天外も30年前に同じ間違いをしており、量子力学の発展によって科学がどんどん「無分別智」に近づいてきたという趣旨で「あの世の科学」シリーズを書き、ベストセラーを連発しておりました。

ようやく最近になって、科学がいくら発展しても「無分別智」にはかすりもしないことがわかりました（⑭天外伺朗『無分別智医療の時代へ』内外出版社、２０１７年）。

その気づきとともに本書を書いています。

「実存的変容」というのは、モーターだけでも走れる状態、と述べてきました。前述のようにモーターというのは、「真我」のことです。巻頭のモンスター図を見ていただくと、「真我」は「あの世」、つまり「無分別智」が支配する領域の住人であることがわかります。

したがって、「キメつけ」のない社会を目指していると、どうしても「無分別智」に目が行きがちになります。ところが、**「実存的変容」**を経た次のレベル**「ティール（成熟した自我）」**は、まだ「個のレベル」であり、「キメつけ」はかなり減ってはいるものの、なくなってはいません。

「キメつけ」からの解放が、本格的にスタートするのは、**「意識の成長・発達のサイクル」**図（P46）でいうと、超個（トランスパーソナル）のレベルの「生物社会的帯域」まで待たなければいけません。

ただし、ここでいう「キメつけ」からの解放は、リモートビューイング（はるか遠くのものを見る）、チャネリング能力、アカシック・リーディングなどのトランスパーソナルな領域まで含み、超えた状態を般若心経では**「遠離《おんり》一切《いっさい》顛倒《てんどう》夢想《むそう》」**と表現しています（意識の成長・発達のサイクル図参照）。

「サイエンズ・メソッド」でいう「キメつけ」からの解放は、これに比べるとおままごとのようなもので、ラッキョウの皮を1枚めくった程度でしょう（文献[13]）。

私たちは、4歳くらいから、その「社会に共通の認識様式」に参加していきます（**意識の成長・発達のサイクル図で「メンバーシップ認識」**）。

どういうことかというと、私たちは、世界中どこに行っても人々は同じように物事が見えていると思っていますが、それは大きな誤解です。物がどう見えるか、という単純なことでも、社会の拘束からは逃れられません。

いま日本社会に生まれた人と、アフリカ・ケニヤのマサイ族に生まれた人では、まったく、物の見え方、認識の仕方、ものごとの捉え方、思考のパターンが違っているのです。

表面的な軽い例としては、私たち日本人の耳には「R」と「L」の発音の違いが区別できなかったり、イヌイットの人たちは「白」を表す言葉が17あり、それぞれを微妙に区別しているのに、日本人にはそれが区別できず、みんな同じ「白」に見えてしまう、といった現象があります。

物事を見たり聞いたりする認識は、人間それぞれ固有に発達するのではなく、その社会で皆が認識している様式に参加するだけなのです。それより複雑で様々な概念も、当然のことながら「社会に共通な認識様式」に参加するだけであり、社会によって異なり、時代と共に変化します。

そこから本格的に解放されるのはトランスパーソナルな領域の**「生物社会的帯域」**に入ってからです。

これはちょっと飲み込みにくい概念なので、8章でもう少し詳しくお話しします。

前述のように、「サイエンズ・メソッド」では、「キメつけ」により、誤解が生まれ、争いが始まる、と断じています⑬。ここでいう「キメつけ」は、天外の見解では**「社会に共通な認識様式」**の一部に含まれます。「サイエンズ・メソッド」で紐解いて真実を発見したとしているのは、真実でもなんでもなく、「社会に共通な認識様式」をラッキョウとすると、その表面の皮をほんの1枚剥いたにすぎません。まだまだ、いくらでも皮は残っています。**全部の皮をむいた状態が「無分別智《むふんべつち》」**であり、もう言語では表現できません。

「社会に共通な認識様式」というのは、その社会で生活するための大切なパスポートという意味合いもあり、安易に否定すべきではありません。私たちは、その枠の中で生活しているので、余分なエネルギーを使わずに楽に生きていけるのです。それを人間の本質から外れた「フィクション」とみなして（キメつけて）外側から強引に外そうとする「サイエンズ・メソッド」は、ちょっと不自然に感じます。

「社会に共通な認識様式」が少しずつ変化していくのが社会の進化ですが、その社会の構成員の意識レベルに応じて、内部から変わるのが自然です。

「インディゴ・チルドレン」という世代

1980年代から、**インディゴ・チルドレン**と呼ばれる新人類が大勢現れ始めました。オーラがインディゴなのが特徴だそうです。彼らは進化している人類と思われ、「社会に共通な認識様式」にとらわれることなく、ラッキョウの皮を1枚か2枚むいた先が見えています。それも、「サイエンズ・メソッド」のように紐解いてようやく見える、というのではなく、いきなり結論として見えています。

紐解いて見えれば、周囲の人も「ああ、そうか」と納得しますが、いきなり結論がわかってしまい、本人にとってはそれがあまりにも当たり前で、人々との考えの違いを論理的に説明できないので理解が得られず、多くのインディゴが鬱になり、自殺しました。

最近では、**クリスタル**とか**レインボー**とか呼ばれるインディゴの次の世代が話題に上がっています。彼らは社会との不適合は起こさず、淡々と生き延びているそうです。これが、人類の進化による社会の進化のプロセスなのでしょうか？

「インディゴとは何か？」を、検索してみると、正統派からはインディゴという概念そのものを否定する意見も見られます。スピリチュアル系の記述は人によってかなり異なり、中にはセミナーに誘導する商業主義的な香りを感じるものもあります。

ただ、共通点としては、権威や強制を嫌い、ものごとの本質を見抜く眼力があり、周囲からは変人と見られ、古い慣習、政治体制、学校教育などと戦っている「戦士」などの記述があげられます。

スピリチュアル系は、時に注意力欠如障害（ＡＤＤ）や注意欠如多動性障害（ＡＤＨＤ）と誤って診断される、といっています。正統派は逆に、インディゴなどというのは単にＡＤＤやＡＤＨＤをそう呼んでいるにすぎない、と否定しています。

本書では、世の中での定義はさておき、私自身が体験を通して確かに見えてきたインディゴについて語ります。天外なりのバイアスが含まれていることはご了承ください。

インディゴ（鹿児島天外塾塾生）の記述

by 天外伺朗

鹿児島天外塾にもインディゴがひとり出席しています。突拍子もない超絶技巧の鍼灸師であり、毎回私も治療を受けています。

セミナー翌日の朝食会で、「人殺しはどうしていけないのだろう！」と発言して、参加者にドン引きされていました。

私たちは「人殺しはいけないことだ」ということを、疑う余地のない常識として叩き込まれていますが、インディゴは（人によって多少違いますが）法律によって「いい人」と「悪い人」を切り分ける、いまのオレンジ社会の常識的な規範を受け入れていないのです。

「嘘」や「装い」には敏感で拒絶反応を示しますが、「いい人」と「悪い人」の間に線を引きません。だから先ほどの発言になるのですが、それをこうやって解説しないと一般の人には理解されません。

これが、天外が得意な「インディゴ：ニホンゴ通訳」です（笑）

生き延びたインディゴ・チルドレンは、もうチルドレンではなく、おっさん、おばさんになっていますが、天外塾に来ることもあります。私が言いたいことを、鋭い表現でズバッといってくれるので、彼らがひとりいると天外塾はとても活性化します。

ところが彼らは、どうしてその結論が出てくるのか論理的に説明できないので、塾生たちはまったくわかりません。常に**「インディゴ＝ニホンゴ通訳」**が必要なのです（笑）。でも、何年かやっていると、彼らも説明すべき論理が見えてくるようです。もし、これを早くからお伝えできていれば、あんなに大勢の自殺者を出さずに済んだのにな・・・とちょっと残念に思います。

ものすごく大勢のインディゴたちが、社会に適合できず、悩み、鬱になり、自殺していった歴史を無視して社会の進化は語れないと思います。

「インディゴ（天外塾塾生）の悲痛な叫び」

全世界で何万人産まれたのでしょうね。100万人以上はいたと思いますが……。多くの自殺者や精神疾患とされ自立不可能になる投薬を受けた人が多かったのは致し方なかったと思います。

我々に向けられるすべての言葉は嘘でできていて、接する人全員が無条件の否定だけを与えてくる、私たちの発する楽しさも工夫も疑問も善意も愛情もすべて悪と断ぜられ、数年経った時に私たちの言葉の正しさが見え始めても誰ひとり認めることがない。

これが、私たちインディゴが生きてきた世界ですから。この世に生まれ苦しみ否定され死ぬためだけに生きることが人生の目的である私たちは、人類がスピリチュアルを正しく理解できるようになった時、少しでもほんの少しでいいから評価されるのでしょうか。

（塚口直哉）

ラッキョウの皮をむく、と表現しましたが、どんなに進化しても、その社会特有の「社会に共通な認識様式」は必ず残ります。同じように、社会の進化にともなって「社会的病理」はシフトしますが、なくなることはありません。

いまのところ、次に来るべき社会は**「ティール」**だとすると、これはまだ「個の領域」であり、「キメつけ」や「争い」が残っているのがむしろ健全です。

3章で、「社会的病理と社会の進化」のコラムで「ティール社会」を次のように定義したのはそういう意味です（P58）。

ティール：「社会的病理」を浮上させ、ごまかさないでしっかり直面する。
「痛み」と直面し、しっかり感じる。

文献13では、次の社会をいきなりすべてのものと調和し、自然とともに、争いのない、気持ちのままにやさしく生きられる社会と定義してしまいましたが、これは**「意識の成長・発達のサイクル図」**（P46）でいえば、最後の**「宇宙との統合（梵我一如、究竟涅槃《くきょうねはん》）」**のレベルです。前述のたとえ話では、**「ガソリンエンジンが一切回らず、モーターだけで走っ**

ている」という状態です。

テイヤール・ド・シャルダン（1881〜1955）という哲学者によると、人類が皆この状態に達すると、物質的世界は消滅するそうです（オメガーポイント）。

これが本当かどうか、確かめようもないですが、文献⑬の記述通りに、もし人類が皆変容を遂げたら、次の社会は出現せず、物質的世界が消滅するのかもしれません（笑）。

物質的世界が消滅するかもしれないといわれるような、とんでもない夢想的な世界が、いますぐに実現すると錯覚してしまうのが4章で述べた「美しい物語」です。

「共産主義革命」が「美しい物語」を追ったがために、人類の歴史に大きな傷を残してしまったのはアーノルド・ミンデルの指摘するところだし（4章）、「連合赤軍」や「オウム真理教」などの犯罪も、その源には「美しい物語」があります（プロローグ）。

アーミッシュが、近親相姦のセックススキャンダルにまみれてしまったのは、キリスト教的な「美しい物語」を強制されたための心理的抑圧が要因だったと天外は推定しています（5章）。

ロバート・キーガンという学者によると世界の人口比率は、「レッド（段階2）」＝10％、「アンバー（段階3）」＝70％、「オレンジ（段階4）」＝20％、「ティール（段階5）」＝1％……だそうです。

この人口比率のいまの時点で「争いのない社会」をいきなり目指すと、せいぜい「争いのないことを装う社会」、つまり「グリーン」しか実現できません。

その次の「ティール」は、実現しようとしたら絶対に到達できません。なぜなら、それを目指して「実現しよう」という努力が「command & control」になってしまうため、「ティール」に反するからです（⑮天外伺朗『実存的変容』内外出版社、2019年）。「ティール」というのは、自然に到達する状態であって、インテンションを持って向かうべき目標ではないのです。

「美しい物語」を実現するために、住民の「意識の変容」が必須、だからそのための方法論が必要になる、というロジックにとらわれている限り、そのコミュニティは「次世代社会のひな型」にはなり得ないのではないかと思います。

天外自身は、天外塾を中心に20年にわたって塾生の「実存的変容」をサポートしてきており、おびただしい数の変容のための方法論を開発してきました（7章）。

しかしながら、**「次世代社会のひな型」**となるコミュニティは、むしろ「意識の変容」など糞くらえ！……と、変容のための方法論などには見向きもしないコミュニティではないかと思っています。

これに関しては、11章でお話しします。

この6章の文章をアズワン鈴鹿の小野雅司さんにお送りしたところ、次のようなお返事をいただきました。私は現地訪問もなしに、わずかの資料と伝聞を基に書いたので、思い違いや間違いもありました。明らかな誤りは訂正させていただき、残りを掲載します。

本書が出版され、アズワン鈴鹿の見直しが終わったら、一度ゆっくりお話しすることにしております。これは結構楽しみです。

アズワン鈴鹿、小野雅司さんからのコメント

●「アズワン鈴鹿」で実施されている意識の変容のための方法論について

意識変容に力点を置く機会としては、サイエンズスクールという機関でコースを開催してきました。もう一方で、意識の変容の（心の状態が健康になる）ための環境づくり（コミュニティ）という点も同時に大きな要素として捉えています。

サイエンズメソッドは心の面だけではなく、コミュニティづくりのための方法でもあります。心の状態は環境によって大きく影響を受け続けており（幼少期の影響は多大なものがあると思いますが、大人になってもやはり影響されていると思います）、安心できる、また、その人が本心で生きやすい環境（お金や義務や罰などがない）を作ることで、心の状態が健康になり、その人が本来持っている内面の力（好奇心、調和する力、人を思う心、向上する力）などが発揮されやすくなると思います。

●人間社会はフィクションに満ちており、そこから「思い込み」(〜ねばならない)から生まれたフィクションが多く含まれており、自ら作り出したフィクションに人間自身が縛られてしまっている(自縄自縛)ことがあります。

フィクションを共有すること、つまり、「社会に共通な認識様式」で、社会を営むことができるようになったことが、人類繁栄の鍵だったとハラリ氏(※『サピエンス全史』著者)が言っています。

しかし、その「社会に共通な認識様式」の中に、「〜ねばならない」などの、人が本来好まない(人間の本質から外れている)フィクションが多々存在し、人間自らが作り出したフィクションに縛られ苦しんでいることが多々あると思います。それが原因で、天外さんの言う内面のモンスターが多く形成されてしまっているとも言えると思います。

「〜ねばならない」をベースに義務・束縛・命令・所有・貨幣制度などの人を縛るフィクションが生み出され、その人を縛るフィクションの中で育ち暮らすことで、キメつけに満ちた観念が形成・再生産されるという循環を生み出していると思います。

「〜ねばならない」は、人間の考えで作り出したもの(フィクション)であることを自覚できれば、人が本来好まないものは見直して、人間が好む自由なものに変えていけると思います。所有にしろ、権利や義務、責任なども、あまりに当然のことになって、フィクションに過ぎないことに無自覚であることが多いと思います（理論的にはフィクションだとは認めても、現実にはその枠組で世界を見ていることに無自覚なことも多いと思います）。認識様式の中の、キメつけを自覚して、見直すことにより、キメつけの少ない認識様式に変容していき、その中で人間らしく暮らしていこうとしているのです。

●「サイエンズ・メソッド」は、閉鎖的に始まり、閉鎖的のまま終わってしまったよう

これは、そう見られてもしょうがないとは思っています。２０１１年〜２０２２年までは対外的には、できるだけオープンにしてきたと思います。今も、見直しの最中で、ある程度落ち着いたら、オープンにしたいと僕は考えています。

●「サイエンズ・メソッド」で語りたかったのは、本当は「無分別智」のことだったのかな

はい、まさしく、そうなんですが……今の見直しの中身も、言語によらない世界をどう探究するか、迫れるか、ということとも大いに関係しているのです……。これについては、

今度お会いする時の話題になりますね（笑）。

●「次世代社会のひな型」が、「ティール」を想定しているとすると、完全に「キメつけ」のない社会というのは無理筋です。

私たちの本で「次の社会」と表現しているものは、今の現状の社会に対しての「次世代社会のひな型」というよりは、約20年鈴鹿で培ってきたメンバーたち（まだまだ未熟、未完成ながらも、ずいぶんと内面の変容は進んできた人たち）の進もうとしている社会像のことだと、僕は捉えています。

ですから、それは、今の現状の社会からは、かけ離れている感じにもなるだろうと思っています。もちろん、自分たちの実質もどこまで進んでいるのかは、何とも言えませんし、僕らもまだまだキメつけ多き中、次々とキメつけを発見しながら、進んでいこうという最中であります。そういう中で、今回の見直しに至ったわけではあります。

●どんなに進化しても、その社会特有の「社会に共通な認識様式」が残るでしょう

はい、そう思っています。今の僕たちのレベルでの「社会に共通な認識様式」でコミュニティを運営していると言えると思います。そして、それを見直しつつの今かと思っています。

● **「次世代社会のひな型」となるコミュニティは、むしろ「意識の変容」など糞くらえ！……と、変容のための方法論などには見向きもしないコミュニティではないかと思っています。**

そうかもしれない、と思いました。今の鈴鹿の見直しの中の、ひとつの視点はここととも関連するかもしれないです。天外さんが書かれている「「美しい物語」を実現するために、住民の「意識の変容」が必須、だからそのための方法論が必要になる」というロジックから離れてみようとしているとも言えるかなぁ……と。サイエンズスクールもいったん活動停止とし、もっとそれぞれ、本当に願っていることや、夢中になれること、より高みを目指したいことに発揮できる環境づくりにシフトしているところかなと思います。

7. カウンターカルチャーの遺産

新しい文化のうねりは世界を変えたのか？

もう半世紀も前の話ですが、カウンターカルチャーという、ものすごく大きなうねりがあり、サイケデリックな服装をして、ビーズをじゃらじゃら巻いたヒッピーたちが世界中の街にあふれていたこともありました（まえがき、プロローグ）。

『花はどこへ行った：Where have all the flowers gone』などの多くのカウンターカルチャーを象徴する歌を造った**ボブ・ディラン**はノーベル文学賞を受賞しましたが、イーグルスの『ホテル・カリフォルニア』では、ワインの注文に対して「ここには、1969年以来、そんなSPIRIT（〝飲み物〟と〝魂〟という意味を兼ねている）を置いていない‥

We haven't had that spirit since 1969」と歌われました。
1969年8月、ウッドストック音楽祭に40万人集まった熱気がいつの間にか消え、カウンターカルチャー・ブームが去っていったことを彷彿させます。

1969年当時、私は27歳。ウッドストックの報道を見て、これで世の中変わるんだ、と本気で思いました。ところが、世界中の若者を巻き込んだ、あのすさまじい熱気も、いつの間にやら、はるか彼方の遠い記憶へ追いやられ、その後の社会は何事もなかったかのように以前と同じ流れに戻っています。

いまの日本は、相変わらず激しい競争社会が続いており、私たちの周りには「止まらない列車」に乗ってあえいでいる人々であふれ、子どもたちは「お受験戦争」に駆り立てられています。

国は、GDPの向上に躍起になっており、ほとんどの企業はまだ、社員の幸せよりも売上げや利益に関心が高いでしょう。

一見すると、カウンターカルチャーによって、社会は何も変わらなかったように見えます。しかしながら、詳しく掘り下げてみると、それによって人類が得た様々な知見が、じわじわと浸透して、いつの間にか世の中の常識が変わってきているのがわかります。

いまの私たちの生活はカウンターカルチャーの遺産にしっかりと支えられているといってもいいでしょう。一般にはほとんど顧みられることがなかったこの遺産を、本章で少し眺めていきましょう。

ＬＳＤにより人類が覚醒して、まったく新しい社会が出現する、という**リチャード・アルパート**と**ティモシー・リアリー**（ハーバード大学心理学科の教授たち）の夢は、犯罪者や精神を病む人が続出し、ＬＳＤが法律で禁止された時点で挫折した……といってもよいでしょう。

しかしながら、多くの人がドラッグによって神秘体験したことにより、それまで人類社会で強固に信じられていた「社会に共通な認識様式」が大きく揺らぎました。

人間の視覚のメカニズムというのは科学的にかなり解明されています。水晶体のレンズにより網膜に像が結ばれ、視神経により後頭部の視覚第1野に運ばれ、視覚第2野→第3野→第4野→ＶＴ野→ＩＴ野などで次々に情報処理されて私たちは物が見えたという認識をしています。科学的に解明された、それぞれの情報処理の内容を、私たちロボット屋（注：AIBOを作った前世の土井利忠さん・笑）は、懸命にプログラムしてロボットに視覚を与えます。

いままでの**「社会に共通な認識様式」**は、人間はこの科学で解明されているシステム通りに物が見えている、という強固な信念を全員に押し付けていました。

ところが、LSDを摂取した状態だと、物の陰に隠れて見えないはずのないものが見えたり、はるか遠くの出来事がありありと見えたりします（リモートビューイング）。もちろん、どうしてそんなことが起きるのか、科学的にはまったく説明できません。どうやら私たちは、科学で解き明かされた視覚システム以外のメカニズムでものを見る能力があるようなのです。

これは、「千里眼」「透視」などといって、昔から言及されていました。ところが、カウンターカルチャー以前の社会では、そういう能力を持った人は極めてまれだったので、「迷信」というレッテルを張って表面的には排除することができていました。

社会の規範が、宗教的価値観から科学的合理性に変わったことを、**「アンバー」から「オレンジ」**への転換と呼びますが（巻頭のコミュニティ・チャート参照）、そのとき科学で合理的に説明できないことを「社会に共通な認識様式」の外側に追い出していたのです。

もちろん、ＬＳＤで得られた知覚や感覚の大部分は単なる幻覚であり、ティモシー・リアリー自身も「空を飛べる」という感覚に見舞われ、２階から飛び降りて骨折をしています（笑）。

その中で、リモートビューイングはどうやら幻覚ではなさそうだと、多くの人が語ったために単なる「迷信」ではない、という認識が一部の人の間で広がりました。いまでは、リモートビューイングのトレーニングをするセミナーが開かれているほどです。

それだけでなく、宇宙開闢《かいびゃく》以来のすべての情報が蓄積されているという「アカシック・レコード」（ヒンズー教の教義）を読む「アカシック・リーディング」のセミナーや、目に見えない存在とつながって情報をおろす「チャネラー」を養成するセミナーなども盛んに開かれています。

まだ人数は少ないですが、トランスパーソナルな領域に対して、心を開く人が増えており、そのため「社会に共通な認識様式」が揺らいでいます。

日本には、アイヌ民族や出雲族などの先住民たちの多くが虐殺され、怨念が封印されてきたという裏の歴史があります。天外は、その怨念を開放する**「日本列島祈りの旅」**という怪しい旅を2016年から実行しています。

歴史にも、先住民の口承史にもないような、数百年前あるいは数千年前の虐殺事件を紐解かなければいけないので、頼りになるのはチャネラーたちの情報のみです。不思議なことに、旅ごとにチャネラーが自動的に交代します。

きわめて大勢のチャネラーたちのサポートをいただき、お陰様で素晴らしい祈りの旅を8年間にわたって実行することができました（⑯天外伺朗『日本列島祈りの旅 1』2018年、⑰天外伺朗『クナト姫物語』2018年、⑱天外伺朗『出雲王朝の謎を解く！』2023年。すべてナチュラルスピリット）。

まだ、一般的に認められているとまではいえませんが、いまや「チャネラー」という存在がそれほど珍しくはなくなってきていると思われます。

もちろん、何千年も前に起きた虐殺事件を、まるで目の前で起きたかのように正確に記述する、などということは、どこをどうひねっても科学では説明できません。

だいたい、虐殺された人たちの怨念が残って地縛霊となっており、それを祈りで供養して成仏させる、などという非科学的な怪しいストーリーは、いまでも眉をひそめる人の方が圧倒的に多いでしょう。

人類全体が「生物社会的帯域」に突入するのは（P46「意識の成長・発達のサイクル」3章）、まだもう少し先の未来なのかもしれませんが、カウンターカルチャーの影響によって「社会に共通な認識様式」は確実に揺らぎ始めている、ということをお話ししました。

さて、じつはカウンターカルチャーの影響はこれだけではなく、アカデミックな分野で脳科学の進展を大いに促進しました。次にその概略を述べます。

カウンターカルチャーから脳科学が進展した

この当時は、ドラッグがどうして人間の精神に作用するのか、メカニズムがまったくわかっておらず、神秘体験を引き起こすこと、さらには精神を病んだり、犯罪者を生んだりすることなどは謎でした。ドラッグは大きな社会問題になっており、可及的速やかにメカニズムを解明するという課題が脳科学者たちに突き付けられていました。

通常の学会ですと、査読があるので、論文の掲載はとても時間がかかります。この緊急課題を解決するため、そういう手続きを一切省略して、未完成なデータや未熟なアイディアもどんどん投稿して討議すべくＩＮＲＣ（国際麻薬研究会議）という組織が立ち上りました。奇しくもウッドストックと同じ１９６９年でした。

以降、この組織がドラッグ研究の中心的役割を担いました（⑲天外伺朗『理想的な死に方』徳間書店、１９９６年）。

神経細胞と神経細胞の間には間隙が開いており、その間は化学物質が情報を伝達します。工業製品のように電線が直接つながっているのではないのです。どういう化学物質が出てくるかによって、どういう情報かを区別しています。

したがって、神経細胞にはいろいろな化学物質を発生させる器官と、それを受け取る器官（レセプタ）が数多く備わっています。ドラッグが効くということは、脳神経にドラッグがカパッとはまるレセプタがあるに違いない、と推定されました。

脳内の麻薬レセプタ発見の一番乗りを目指して熾烈な競争になりましたが、それに勝利したのは、当時25歳の女子医学生、**C・B・パート**でした。１９７３年のことです。

脳内に麻薬レセプタがあるということは、麻薬と分子構造がよく似た物質を人間は自分でも分泌している証拠です。これはちょっと信じられないことです。

一般に分子構造が似ていれば、作用も似ているはずです。ということは、人間が自分で分泌しているはずの未知の**「脳内麻薬物質」**は、すさまじい幻覚をもたらし、五感を狂わせ、トリップの高みに誘い、リモートビューイングなどの神秘体験をもたらす、あのドラッグと同じような体験を人間にもたらすであろうことが、学問的に推定されたからです。

「脳内麻薬物質」の発見レースも、世界中の研究者を巻き込んで熾烈を極めましたが、1975年に33歳のイギリス人、**ジョン・ヒューズ**が最初の発見をしました。その後次々と発見されているので、現在知られている「脳内麻薬物質」は二十種類を超えています。

そのひとつひとつは、驚くべき効能があることが発見されています。たとえばオキシトシンは分娩を促進する働きがあり、いまでは「陣痛促進剤」として使用されています。人類は、分娩のタイミングをコントロールできるようになったのです。

また、β-エンドルフィンは、モルヒネの数倍の鎮痛作用があることがわかりました。

さらには、このオキシトシンとβ-エンドルフィンが、人間の愛情をつかさどっていることがわかりました。

ドラッグが効くメカニズムの探求が、愛情をサイエンスするところまで行ったのです。

1978年には**「A10」**と呼ばれる、脳内の視床下部から前頭連合野に至る巨大な神経が、快楽をつかさどっていることが発見され、人が快楽を求めて学習するメカニズムがようやく明らかになりました。この「A10」神経と関連して、ドラッグがどうして効くのかというメカニズムも次第に解明されていきました。

このように、いま知られている脳科学のかなりの部分が、カウンターカルチャーのドラッグ騒動が源で解明されたのです。これもカウンターカルチャーの遺産のひとつでしょう。

リチャード・アルパートは、LSDが法律で禁止され、カウンターカルチャーが挫折した後インドに渡り、**ニーム・カロリ・ババ**という聖者について修行し、以降名前を**ラム・ダス（神のしもべ）**というホーリーネイムに変え、人々の意識の変容を指導しました。
ラム・ダスはインドからアメリカに帰ってきて、人々がまったく「死と直面」できていないことに気づきました。「死と直面」できないまま死にゆく人を看取り、「死と直面」しないで死んでいく、というのです。

1981年、ラム・ダスたちはニューメキシコ州サンタフェに**「Dying Center（死にゆく人々のための場所）」**を開設しました。これが、今日の「ホスピス」のひとつの原型です。

死にゆく人々を看取る人が「死と直面」できるように、ラム・ダスは**「バルド・トドゥル（チベット密教の死者のためのお経）」を用いた「死の瞑想」**を開発しました。

いま「天外塾」では、癌患者のための**「死と再生の瞑想ワーク」**というかなり重たいワークを実施していますが、そこで使われている4つの瞑想ワークのひとつが、このラム・ダスが開発した「死の瞑想」です。

じつは、「死と直面」することは「実存的変容」に向かう、とても有力な手段のひとつなのです。

このように、LSDが法律で禁止された後、多くの人がドラッグを使わないで意識の変容に向かう方法論を探求しました。

そのセンター的役割を担ったのが、5章でちょっと触れた**「エサレン研究所」**でした。「エサレン研究所」は、サンフランシスコから車で3時間ほど南に下った海岸沿いにある風光明媚な施設で、1962年に設立されました。

学問的に研究された「意識の変容」

ここに、多くの著名な心理学者、セラピスト、宗教家などが集い、様々な実験的なワークを通して学問的に深く**「意識の変容」**が研究されました。

その全体的な運動は**「ヒューマン・ポテンシャル・ムーブメント（人間の可能性を開く活動）」**と呼ばれました。

この「ヒューマン・ポテンシャル・ムーブメント」に多少なりとも関連して巣立っていった心理学、セラピー手法、ボディワークなどを列挙します。

②　エンカウンターグループ（カール・ロジャーズ）

③　NVC（6章、マーシャル・B・ローゼンバーグ）

④　ゲシュタルト・セラピー（フレデリック・パールズ）

⑤　人間性心理学（アブラハム・マズロー）

⑥ トランスパーソナル心理学（アブラハム・マズロー、スタニスラフ・グロフ）
⑦ インテグラル理論（ケン・ウイルバー）
⑧ プロセス指向心理学、ワールドワーク（アーノルド・ミンデル）
⑨ センサリー・アウェアネス（シャーロットセルバー）
⑩ アレクサンダー・テクニック（フレデリック・M・アレクサンダー）
⑪ フェルデンクライス・メソッド（モーシェ・フェルデンクライス）
⑫ トレガー・アプローチ（ミルトン・トレガー）
⑬ ハコミ・セラピー（ロン・クルツ）
⑭ フォーカシング（ユージン・T・ジェンドリン）
⑮ バイオ・エナジェティックス（アレクサンダー・ローエン）
⑯ ロルフィング（アイダ・ロルフ）
⑰ エサレン・マッサージ

こうして列挙すると、心理学やサイコセラピーの世界を一変させるほどの大きな変革が起こったことがわかります。カウンターカルチャーというのが、決してドラッグやフリーセックスでラリッていた若者たちのうわついた活動で終わったのではなく、「ヒューマン・ポテンシャル・ムーブメント」そのものは、まじめな学問の世界に大いに貢献しました。これらは全部カウンターカルチャーの遺産と考えていいでしょう。

いま、日本でコミュニティを作っている若者たちは、この成果を知りません。

「ヒューマン・ポテンシャル・ムーブメント」は、カウンターカルチャーの中から生まれているので、ＬＳＤの文化を引きずっています。ＬＳＤは、元々は精神病の薬として開発されたものですが、精神科医の**スタニスラフ・グロフ**は、精神を病んだ患者だけでなく、一般の人を集めたＬＳＤセッションを数千回実施し、神秘体験と意識の変容を探求しました。

ＬＳＤが法律で禁止されると、先住民のシャーマンがいかにしてトランス状態になるかを研究して**「ホロトロピック・ブレスワーク」**と名付けた呼吸法を開発しました。「ヒューマン・ポテンシャル・ムーブメント」の中で呼吸法は定番のワークになりました。

アブラハム・マズロー（１９０３〜１９７０）は、それまで精神を病んだ人たちを主な対象にしていた心理学を、一般に人の意識の成長に焦点をあてて、**「人間性心理学」**という新しい潮流をすでに提唱していました。世の中がカウンターカルチャーに突入する中で、彼はそれまでの心理学では説明がつかない「神秘体験」「至高体験」の存在に気づきました。

奇しくも、ウッドストックと同じ1969年、マズローはグロフと組んで、個人の枠を超えて神秘体験なども包含する心理学を探求する**「国際トランスパーソナル学会」**を設立しました。以降、トランスパーソナル心理学は**「ヒューマン・ポテンシャル・ムーブメント」**の中心的な役割を担ってきました。

なお、**ケン・ウイルバー**や**アーノルド・ミンデル**などは、当初は国際トランスパーソナル学会の中で活動していましたが、いまではその枠を出て、それぞれ**「インテグラル理論」「プロセス指向心理学」**と名付けた独自の道を歩んでおられます。

「ヒューマン・ポテンシャル・ムーブメント」では、このような学問的なアプローチだけでなく、当然各種瞑想法は実施されており、インディアンの長老の智慧も導入し、また仏教（禅）、ヒンズー教、チベット密教などの影響も強く受けておりました。

1970年の初めころには、セックスを積極的に「悟り」に向かう修行に取り入れた、**Osho**（＝バグワン・シュリ・ラジニーシ、1931〜1990）も頻繁に「エサレン研究所」を訪れ、かなりきわどいワークを実験的に実施していました。それ以外にも、このころ開発された方法論はかなり激しく、侵襲的であり、それをそっくりそのまま導入したのが、５章で触れた「自己啓発セミナー」です。

日本に新しい潮流を起こした「吉福伸逸」という男

さて、ここで**吉福伸逸**《よしふくしんいち》（１９４３～２０１３）という男の話をしましょう（[20]稲葉小太郎『仏に逢うては仏を殺せ』工作舎、２０２１年）。

早稲田大学でベース奏者としてジャズにのめりこみ、大学を中退してボストンのバークリー音楽院に留学します。一流のミュージシャンと演奏していたのですが、１９７１年27歳の時に挫折し、一年間ブラジルを放浪したのち、ＵＣバークレイに入り、サンスクリット語を習得しました。

そのとき「エサレン研究所」を知り、のめりこみます。**ケン・ウイルバー**、**スタニスラフ・グロフ**、**アーノルド・ミンデル**などと親交を深め、**「トランスパーソナル心理学」「プロセス指向心理学」**などの誕生に立ち会い、開発された様々な手法を体得しました。

１９７４年、日本に帰国後、「ヒューマン・ポテンシャル・ムーブメント」の動きを日本に伝えるべく、翻訳チームを結成してものすごい勢いで本を出版しました。

それと並行して、エサレン流の手法を駆使してワークショップを開いたところ、大変な評判になり、たちまち「時の人」になりました。

１９８５年４月、吉福は「第９回トランスパーソナル国際会議」の総合司会を担当しました。企画委員に、京セラ創業者の**稲盛和夫**《いなもりかずお》、ソニー創業者の**井深大**、九大名誉教授の**池**《いけ》**見酉次郎**《みゆうじろう》、京大の**河合隼雄**《かわいはやお》など、経済界、医学界、心理学界の大物をそろえ、海外からも一流の人物を大勢招いての大きな大会でした。

このころの日本は、「ヒューマン・ポテンシャル・ムーブメント」の影響を受け、熱気にあふれておりました。

吉福とは直接関係はないですが、この前年の１９８４年11月、フランスの国営放送と筑波大学の共催で、「科学技術と精神世界」というシンポジウムが筑波大学で開催され、世界中から物理学者、天文学者、心理学者、宗教家、哲学者、気功家などが集まって５日間の熱い討議が行われました。

物理学者の**デヴィッド・ボーム**（１９１７〜１９９２）はビデオでの参加になりました

が、その撮影を英国のソニーが担当したことから、ソニー創業者の**井深大**も出席しました。シンポジウムの内容は、哲学界の重鎮、**湯浅泰雄**《ゆあさやすお》（1925〜2005）などの手で、参考文献がそろった5冊のしっかりした本にまとめられました。

その5冊の本を井深から手渡され、参考文献を全部読んだことで、天外はこの道の探求にのめりこむことになったのです。

気功家による演武も行われ、**「気」**というサイエンスではまだ解き明かされていないエネルギーの存在を学者たちが認めるきっかけになりました。

カウンターカルチャーは、脳科学や心理学だけではなく、サイエンスの分野にも革命を起こすのではないかと思われており、**「ニューサイエンス」「ニューエイジサイエンス」**などと呼ばれていました。

吉福は、物理学者**フリッチョフ・カプラ**の著書『タオ自然学』（㉑工作舎、1979年原著は1975年）などの翻訳も手掛け、そのブームをあおっていました。

天外は、その尻馬に乗って、量子力学や深層心理学の発展によってサイエンスが、宗教が語っている世界にどんどん近づいてきた、という趣旨の本を書き、ベストセラーを連発しておりました（6章、㉒天外伺朗『「超能力」と「気」の謎に挑む』講談社、1993年、

23天外伺朗『ここまで来た「あの世」の科学』祥伝社、1994年)。

その後、サイエンスがいくら進んでも仏教でいう**「無分別智」**には届かないことを悟ったのは、6章で述べた通りです(14)。

吉福は、新大久保から西荻窪に引っ越しましたが、そこで「部族」と呼ばれたヒッピーたちとの交流も始まり、この新しい潮流に興味を持った多様な人たちが集まるアジト(「ほびっと村」)ができました。

天外が吉福と出会うのは、これよりはるか後ですが、このころの様子をいろいろな方から聞くと、異様な活気と熱量があったことを皆さん一様に懐かしがります。様々な分野の異色な人材が、吉福というマグネットに引き付けられるように集まり、化学反応を起こし、沸騰していたようです。

稲盛和夫、井深大などの産業界の重鎮、河合隼雄などの心理学界の巨星の知己も得て、京大からは助教授のオファーも来ていました。

どこからどう見ても順風満帆に見えた1989年、吉福は日本でのすべての活動を投げ出して、突然ハワイに移りました。文献20でも、その理由をちゃんとは特定できず、謎のままです。天外も親しくなってから、何度もその理由を本人に問いましたが、いつも笑ってごまかされました。

ただ、天外が会った2001年頃には、あれほど熱心に日本に導入しようとしていた**「トランスパーソナル心理学」**に対して、「その言葉を聞くと反吐が出そうになる」と言っていたので、相当深いところで、アクティビティ全体に失望していたのではないかと推察されます。なお、その後、彼の嫌悪感はかなりやわらいだように見えました。

私が学んだ「吉福心理学」

さて、ここから天外と吉福の出会いの話に移りましょう。

ヒンズー教では、瞑想をして至福のうちに亡くなることを「マハーサマディ」と呼びます。禅宗では同じことを「坐亡」といいます。

天外は、父親が管だらけのスパゲッティ状態で残念な亡くなり方をしたことがきっかけで、もう少しまともな死に方を皆で探求しようという趣旨で、**「マハーサマディ研究会」**を、1997年から立ち上げました。

表面的には、まことに不吉な「死に方研究会」ですが、実態は瞑想を中心とした意識の成長・進化を追求するのが趣旨でした。そこで、意識のレベルが高く、会員の指導ができそうな人を「プリシパル・コントリビューター」と名付けて30人くらいリクルートしました。

前述１９８４年の「科学技術と精神世界」シンポジウムを主催した湯浅泰雄や、宗教学者の**山折哲雄**《やまおりてつお》など、そうそうたるメンバーがそろいました。

天外は、中世から近代への移行とともに役割が縮小した宗教にかわって、**トランスパーソナル心理学**が社会の精神的な支柱になりうるのではないか、という仮説のもとに、対談本を企画しました（㉔天外伺朗、山折哲雄、湯浅泰雄、佐治晴夫、吉福伸逸『心の時代を読み解く』飛鳥新社、２００２年）。

その仮説は棄却せざるを得なかったのですが、この本は、次の社会にとって「宗教性」の重要性を浮かび上がらせたことで、河合隼雄から絶賛の巻頭言をいただき、かなりの評判を呼び、大学の心理学部で副読本に使われたりもしました。

ところが、吉福との対談は困難を極めました。当初の企画趣旨では、当然トランスパーソナル心理学が主役であり、吉福がカギを握っていました。ところが、「トランスパーソナル心理学について説明してください」と言っても、皮肉な笑いを浮かべるだけで、話題をそらしてしまいます。

「こいつは難物だ！」

この時、私はまだ吉福がトランスパーソナル心理学に嫌悪感を持っていることを知らず、ごり押しをしていたことが後からわかりました。

しかたがないので私は、このころまだ吉福がはまっていた**ケン・ウイルバー**の著書（[25] ケン・ウイルバー『アートマンプロジェクト』春秋社、１９９７年）をじっくり読み込んで、対談に再挑戦しました。二度目の対談（２００１年９月２日）は、かろうじてうまくいきました。

余談ですが、この後吉福は、ケン・ウイルバーの思想からも決別しています。

吉福自身が、トランスパーソナル心理学に懐疑的になっていたので、それが宗教の役割に置き換わる、という当初の企画趣旨は捨てざるを得ませんでした。

『アートマンプロジェクト』を読み込んだことで、天外は大きな気づきを得られました。

ケン・ウイルバーの説くところと、アーノルド・ミンデルの主張を統合すると、人類のこれからの意識の進化が予想でき、それに基づきこれからの社会の進化も予想できそうだ、ということです。のちにケン・ウイルバーも**「四象限モデル」**として社会の発展を予想していることを知りました。

2001年9月11日、ニューヨークの貿易センタービルに同時多発テロの飛行機が突入するのをテレビで見ながら、天外は社会がこれからどう推移していくのかという予想を本にまとめました（㉖天外伺朗『深美意識の時代へ』講談社、2002年）。この本は、堺屋太一（1935〜2019）に巻頭言をいただきました。本書は、この本の続編という意味もあります。

なお、対談本（㉔）は、調整に手間取り、発売が㉖より後になりました。

天外の医療改革は「病院をなくす」という過激な思想です。「病院」の代わりに「ホロトロピックセンター」という施設を提案しております。**「ホロトロピック」**というのは、**スタニスラフ・グロフ**のブレスワークの呼び名であり（P161）、「全体性に向かう」という意味のギリシャ語で「悟りを開く」と同じ意味です。

「ホロトロピックセンター」が意識の変容をサポートすることから、この名前をお借りしました。1998年、グロフが来日した時に使用する許可をいただいております。

病気になったら病院で直してもらう、というのではなく、「ホロトロピックセンター」では、病気にならないようにケアするとともに、病気になったら単に治療するだけでなく、患者の「実存的変容」を医療者がひそかにサポートする、というまことにややこしい医療改革です。

1985年、吉福が総合司会をした「第9回トランスパーソナル国際会議」の企画委員を務めた**池見酉次郎**（1915~1999）は、心と身体の関連を西洋医学の立場から探求し、心療内科というジャンルを開拓したことで知られていますが、癌の自然寛解が患者の**「実存的変容」（＝実存的転換）**により起きることを発見しています。

池見は、病気の治癒のための「実存的変容」を提唱したのですが、天外は逆に「実存的変容」というのは、誰の人生にとっても、とても大切で大きな変容であり、病気になることが「実存的変容」に向かうチャンスになるのではないかととらえ、医療改革に取り入れたのです。

アブラハム・マズローが心理学を「治療モデル」から「成長モデル」に変えて「人間性心理学」を提唱したように、天外も医学を「治療モデル」から「成長モデル」へと変えようとしている、ともいえます。

しかしながら、患者の「実存的変容」をサポートしても保険の点数はつかず、密かにしなければいけないので患者にもいえず、宣伝にも使えません。医療者にとってはなんら実利的なメリットがないのです。

それにもかかわらず、大勢の医療者の賛同を得ましたが、「実存的変容」のサポートなど、誰も医学部でも習っておらず、途方に暮れておりました。

多くの方に相談したのですが、その指導ができるのは吉福しかいないだろうということになりました。

2002年4月、私は数人の仲間と共にオアフ島ノースショアに吉福を訪ねました。前記対談本のゲラがいつまでたっても帰ってこないので、目の前で赤を入れてもらうのと、ワークショップをやってもらう依頼を兼ねての訪問でした。

日本を離れて13年、ゴルフとサーフィンを楽しみ、畑を耕し、毎日料理をし、日曜大工で自分の部屋を作り、２人の子どもを育て、すっかり隠遁《いんとん》生活が板についていました。

ところが、日本に来て医療者向けのワークショップをやってくれ、という私の要請に対しては、かたくなに抵抗しました。１９８９年までの日本での活動が、相当強いトラウマになっている感じでした。

やっとのことで、日本ではなくハワイならワークショップをやってもいい、という了承を取り付けました。

翌２００３年6月、医療者だけでなく、一般の参加者も含め35名でマウイ島を訪れ３日間の吉福のワークを受けました。噂通りにかなり激しく、参加者からは怒りの声も上がりましたが、私は「このワークでいける」と確信しました。

この1年で、吉福の心はかなり緩んでおり、翌年から日本に来てワークを実施してくれることを了承してくれました。以来6年間にわたって、医療者向けと一般向けと年２回ワークショップを開いていただきました。

天外の人間心理に対する理解はこの6年間で体得した**「吉福心理学（一般の深層心理学とはちょっと違う）」**がベースになっています。

吉福が日本に来るとなると、人々は放っておけず、２か月間の滞在期間中、吉福はほぼ毎週ワークをこなすようになっていきました。最初は、引っ張りだこを喜んでいたのですが、次第に疲労の色が濃くなっていきました。

２００９年に「もう疲れた」というので、私たちはワークの開催をやめましたが、その後も断り切れずに日本に来ていたようです。

２０１３年４月30日(現地時間29日)、吉福伸逸は肝臓癌のため逝去しました。享年69歳。東洋医学では肝臓は「怒り」の臓器だといいます。吉福は何に怒っていたのでしょうか。

「大半の死は自覚的な自殺なのです。病気にしろ事故にしろ。アイデンティティをシフトするよりは前のアイデンティティのままで滅亡した方がいいんです」（吉福伸逸、㉔、Ｐ２１４）

これは、吉福本人の言葉です。心の深いところで、何ものかに絶望して、自ら死のスイッチを押してしまったのでしょうか。

カウンターカルチャーが終わり、それと同期するかのように「吉福伸逸という時代」も終わりました。

フィンドホーンの体験から生まれた「天外流瞑想法」

さて、天外は2005年から**「天外塾」**というセミナーを開催しています。当初は、企業経営者向けのセミナーだったのですが、次第に塾生の「実存的変容」をサポートする塾に変容していきました。そのときに、吉福ワークで培った6年間の経験がとても役に立ちました。

しかしながら、吉福の方法論はまったく使えません。なぜかというと、初期のエサレンメソッドは、あまりにも過激で侵襲的だからです。一度受講生のアイデンティティを徹底的に破壊してから新たに構築するという手法が多く、短期間で大きな変容につながることもありますが、人によってはショックを受けて何か月も寝込むこともあります。

吉福のワークが終わったばかりの女性が私のそばに来て、「もし、ここに出刃包丁があったら、吉福を殺す！」と言ったこともあります。

とても経営者相手には使えません。余談ですが、その反省から1970年代後半の「エサレン研究所」では、**ハコミ・セラピー**などの非侵襲的方法論が探求されました。

天外塾で主に使っている方法論は**「瞑想法」**です。これは、1997年4月末から20日間程天外が訪れた**「フィンドホーン」**が源になります。

フィンドホーンは、1962年にスコットランド北部に設立されたスピリチュアル・コミュニティです。創立者の**アイリーン・キャディー**（1917～2006）はチャネラーで、神の声を聴いて導いてきました。

その後、カウンターカルチャー時代の代表的なコミュニティとして知られ、エコビレッジの代表格になり、400名強の住民と、大勢の訪問客でにぎわっていましたが、ごく最近財政難から60年余の歴史に幕を閉じたようです（11章）。

フィンドホーンの特徴は、「ヒューマン・ポテンシャル・ムーブメント」で開発された意識変容のための方法論（P161）にオープンで、様々なワークショップを開いていたことです。「エサレンマッサージ」のサービスは常設しています。ただ、1997年時点で提供していたのは、むしろ歌ったり踊ったりのスピ系の方法論が主体でした。

私が連れて行った17名の日本人は、それぞれに悩みを抱えており、全員が**マリオン・リー**（1951～2019）のカウンセリングを受けました。英語がわからない人が多かったので、私が6名ほどの通訳を引き受けました。

マリオン・リーは、スピリチュアル・カウンセラーですが、ゲシュタルト・セラピーのトレーニングを受けておられ、各人各様の悩みの源に「親子の葛藤」があると解き明かし、全員が涙にむせびました。

さらには、日本に帰ってから実行するようにと、椅子を2脚おいてそこに両親が座っているイメージをし、仮想的な対話をする「エンプティ・チェア」という瞑想法を伝授してくれました。

2005年から始まった、日本経営合理化協会主催の最初の天外塾では、息子さんとの仲が険悪で事業承継問題に悩んでおられる塾生がおられました。15年前に亡くなった父親に対して激しい憎しみが残っていたので、この「エンプティ・チェア」を実施したところ、劇的な大成功を収めました（7）。

心の中にあった父親に対する憎しみが解消されると、何のアプローチもしていない息子さんとの関係が画期的に改善されたのは、私にとっては驚きでした。

このことから、たとえ父親が亡くなっていても、父親のモンスターが心の底に巣食って

7. カウンターカルチャーの遺産

おり、様々な障害のもとになっていることがわかり、「モンスター」という言葉を使うようになりました（巻頭のモンスター図）。

それ以来20年間、様々な瞑想法を工夫し実施してきました。これは、毎朝毎晩瞑想し、誰からも強制されることなく、自らの力で変容していくので、非侵襲的でありダメージはありません。

以下に、天外が開発した主な瞑想法の名前だけ列挙します(7)。「シャドーのモンスター」を対象にした瞑想（＝シャドーワーク）を「S」、「真我」を対象にした瞑想ワーク（＝光のワーク）を「L」と略して示します。

天外が開発した意識の変容のための瞑想ワーク

①親殺しの瞑想「S」
②天敵瞑想「S」
③フォーカシング瞑想「S」
④死と再生のスートラ瞑想「S」
⑤ホ・オポノポノ瞑想「S」
⑥メンタルモデル（ライフミッション）瞑想「S・L」
⑦内観瞑想「L」
⑧鳥の瞑想「L」

これらも、吉福伸逸↓フィンドホーン（ゲシュタルト・セラピー）の影響と、2000年に天外が「聖なるパイプ」を拝受した関係で（3）インディアンの長老の叡智を取り入れているのでカウンターカルチャーの遺産とみなしてよいでしょう。

8. 「集合的一般常識」と「社会に共通な認識様式」

「コアビリーフ」から生まれる無意識の世界

社会の進化と聞くと、学校で習った歴史、たとえば王や貴族が支配する中世から近代民主主義への進化……などを思い浮かべる人が多いでしょう。これは、巻頭のコミュニティ・チャートでは、社会の中心が、**依存の残った「アンバー」から独立した自我を獲得した「オレンジ」へ移行した**ことに相当します。

それに伴い、人々が生きるガイドラインとしての社会的規範が**「宗教的神秘主義」から「科学的合理主義」**へ移行しました。

トランスパーソナル心理学では、社会的規範が変われば「社会に共通な認識様式」も変化すると説いています。中世の人たちと私たちでは、物の見え方が相当違ってきているはずだ、という意味です（当時の人がどう見えていたかはわからないので、これは証明しようがない）。

前章では、いま私たちが持っている「科学的合理主義」に基づく「社会に共通な認識様式」が、カウンターカルチャーの影響で揺らいできた、という話をしました。まだ、全体的な変化には至ってはいないようなのですが、**「科学的合理主義」を規範とする時代から次の時代へ移行する揺籃期《ようらんき》に入っている**という解釈です。

このような「社会に共通な認識様式」というのは、一般常識からかなりかけ離れた概念なので、ちょっと飲み込みにくいかもしれません。本章では、少し別の角度から解説しましょう。

いま私たちは、事実が積み重なって常識になっていると信じていますが、じつはそうでなく、常識があるからその通りの事実が起きている……という、ちょっとひねくれた話をします。

催眠状態で、「いまからあなたの手にタバコの火を押し付けます。ちょっと熱いですが我慢してください」といって、鉛筆でもペンでも熱くないものを押し付けると、誰でも「あちっ！」と手をひっこめます。催眠状態だと理性のチェックがないので、「タバコの火」という暗示が無批判に受け入れられてしまい、本当に熱く感じてしまうのです。

これを相当深い催眠でやると、鉛筆を押し付けたところに水ぶくれができることがあります。人間は、心の深いところで「タバコの火」と信じてしまうと、リンパ液を集めて火傷を修復しようとするのです。これが**「無意識」の働き**です。

ちょっと不思議な話をしましょう。これはチベット人から聞いた話ですが、昔中国が侵攻してくる前のチベットは、本当に閉鎖社会で、外との交流はほとんどありませんでした。チベットには蛇はいないのですが、蛇に噛まれると死ぬ、というのが常識でした。そのころ、たまたま外国に行って無毒の青大将に噛まれて死んだ人がいたそうです。

同じような話です。アメリカでは22口径のピストルで撃たれても、頭か心臓に当たらない限りめったに死にませんが、日本では死んでしまうケースが多いと法医学の専門家から聞いたことがあります。

人間は、心の深いところで「死ぬ」と思うと、着々と死のプロセスを進めてしまいますが、それが社会によって違うようなのです。

私たちが、心の奥底に持っているかたくなな信念体系を**「コアビリーフ」**といいます。

2章で述べたように**「シャドーのモンスター」**は「自己否定観」を膨らませていますので、人はかなり歪んでネガティブな「コアビリーフ」を抱えており、それが精神的な障害や人間関係のトラブルの要因になっています。

認知行動療法などのサイコセラピーや催眠療法では、いかに「コアビリーフ」が歪んでいるかを本人に気付かせ、解消していくか、というところに焦点を当てて治療を進めます。心理学では、その人が人生体験の中で育てた「個人的コアビリーフ」しか問題にしていませんが、そのさらに奥底に「社会的コアビリーフ」が存在している、というのが本章のテーマです。

昔のチベット社会での「蛇に噛まれたら死ぬ」、日本社会では「ピストルで撃たれたら死ぬ」などというのがそれです。

日本とアメリカと、これほど人の交流が盛んな国の間でも「社会的コアビリーフ」が違う、ということは驚きです。

アメリカでは、銃撃は日常茶飯事で、5分にひとり撃たれて死んでいますから、慣れっこになっているんでしょうね。

昔、レーガン大統領が撃たれた時、撃たれたことに気づかなかったくらいです。身体に残った弾丸を取り除く手術の前に、医者に「君は共和党員か?」とジョークを言うほど、軽くとらえています。

日本ではピストルの所持が禁止されていて銃撃事件は珍しいので、深刻にとらえられます。TVドラマで、撃たれて「ギャア!」と死んでいく姿ばかりを見ていると、「撃たれたら死ぬ」という信念がうまれ、それが社会に定着してしまいます。

この「社会的コアビリーフ」を、私は**「集合的一般常識」**と名付けました。この命名は、それがユングの「集合的無意識」の一部であることを意識しています。

「集合的一般常識」があるから、日本では22口径のピストルで撃たれても死んでしまうし、昔のチベットでは青大将に噛まれても死んでしまったのです。常識が事実を生んでおり、事実が積み重なって常識になっているのではないのです。

この**「個人的コアビリーフ」と「社会的コアビリーフ」の違い**は、よく意識しておく必要があります。

カール・サイモントン(1942~2009)という医師が開発した**「サイモントン療**

法」というのがあります。精神腫瘍学（サイコオンコロジー）とも呼ばれていますが、精神的な指導だけで癌を治療する方法論です。

2007年4月にサイモントンが来日した時、ジョイントの講演会があり、私は「サイモントン療法はなぜ効かないか」というタイトルで講演しました。本人の目の前で「なぜ効かないか」というのですから、いい度胸です（笑）。

この講演で、私は初めて「集合的一般常識」という言葉を使いました。どういうことかというと、サイモントン療法でも、催眠療法でも、扱えるのは「個人的コアビリーフ」だけなのです。「社会的コアビリーフ」は、セラピストもクライアントも共通に持っているので、いくらワークをしてもクライアントに影響を及ぼすことはできません。

セラピストもクライアントも「癌になると死ぬ」という「集合的一般常識」（社会的コアビリーフ）共通に持っていると、そこはワークではびくとも動きません。

ただ、ここ30年ほどで、「癌になると死ぬ」という「集合的一般常識」は、かなり緩んできたので、サイモントン療法もだんだん効くようになるでしょう、という話をしました。

この話は、サイモントンはとても喜んでくれました。彼は、アメリカでは「精神の持ち方で癌が治るなど、とんでもないインチキを流布しているペテン師」という烙印を押されて、大変な迫害に逢ってきたのです。日本では、アメリカよりサイモントン療法を受け入れる素地があったので、彼は頻繁に日本に来ていたのですが、私のように精神と病気の関係についてさらに詳しく話す人がいる、ということは彼には驚きだったようです。

その翌月、「日本心身医学会」という大きな学会が福岡であり、私は基調講演に呼ばれていました。基調講演のもうひとりの相方は、統合医療の世界的権威、**アンドリュー・ワイル博士**でした。ここでも私は同じ話をしました。

「日本心身医学会」というのは、7章で触れた**池見酉次郎医師**が設立した学会です。

私がなぜこの話を、信念を持って語れるかというと、ホロトロピック医療改革の仲間の**伊藤慶二《いとうけいに》医師**（1929～2020）による実例を知っているからです。

彼は、ある新興宗教団体の中で、一切の西洋医療的な方法論を用いずに食事と祈りと意識改革だけで、あらゆる難病を治療するという偉業を達成しました。

食事はマクロビオティックを採用し、専門家を40人も用意して信者が病気になると料理人を差し向けました。これは採算を度外視した宗教団体ならではの贅沢さです。

祈りは、宗教的な祈りではなく、脳幹を活性化する祈りを工夫し、教祖にも教えたそうです。意識改革は、サイモントン療法とほとんど同じでしょう。

「脳幹を活性化する祈りとはすごいですね、ぜひ教えてください」

そう言って、川口湖畔で3日間の合宿をしてもらいました。結論からいうと、私はこの合宿では何もわかりませんでした。伊藤医師は、祝詞のテープをたくさん用意されていて、「ほら、これは脳幹が活性化するでしょう」「これは活性化しないでしょう」と言われるのですが、自分の脳幹が活性化しているのか、していないのかわからないので、何もわからないのです。この時の参加者で、わかった人はいませんでした。

ただ最後に瞑想をして、般若心経《はんにゃしんぎょう》を唱えたら、「天外さんの般若心経は早すぎます。それでは脳幹が活性化しません」と言われました。どうやら、脳髄液のパンピング周期で唱えるといいらしいと見当をつけましたが、まだ確信は持てません。

彼はこの方法論で、全身に癌が転移していて、いつ死んでもおかしくないような患者でも奇跡の逆転ホームランを連発していましたが、医者にだけは奇跡が起きませんでした。医者は癌患者が大勢亡くなるのを見ているので「癌になったら死ぬ」という「個人的コアビリーフ」を強固に持っているからでしょう。

さらには、いくら奇跡を起こしても全部「教祖様のおかげ」になってしまうと嘆いておられました（この教団は手かざしによる浄霊も盛んでした）。

それを聞いて私はひらめきました。**「社会によって起きる現象が違う」**という可能性を感じたからです。宗教団体というのは、一般社会とはちょっと「社会的コアビリーフ」が違う社会であり、信仰心による奇跡の治癒も起こるし、オウム真理教のような事件も起きるのではないか、ということです。

このことから**「集合的一般常識」**という言葉を思いつきました。伊藤医師が一般社会で同じことをやっても、あれほどの成果は上がらなかったかもしれません。

もうひとつ、よく観察すると、「集合的一般常識」は、時代によって大きく変わってきているのがわかります。前述のように、30年前は「癌になったら死ぬ」という信念が一般的であり、「ステージⅣ」になると、ほとんどの患者は死にました。いまは、「ステージⅣ」からサバイバルする人がものすごく増えました。

もちろん医学の進歩もありますが、それに伴い「集合的一般常識」も変わってきているように私には思えます。

なぜ余命宣告は当たらなくなったのか？

年配の方は記憶にあると思いますが、30年前は、医者の余命宣告が一般的でした。患者は「あと3か月」というと3か月後に、「あと6か月」といわれると6か月後に、本当に死んでいました。

これは、はっきりいって「医者の呪い」です。患者に暗示をかけてその通りのことを起こさせるのです。

余命宣告通りに死ぬと、「あの医者は名医だ」ということになりますが、ヴードゥーの世界だと「あの呪術師の呪いはよく効く」という話になるでしょう（笑）。

でもいまは、余命宣告が当たらなくなりましたね。「あと三か月」といわれた人がいつまでたってもピンピンしていたりします。

「医者の呪い」が効かない時代になったのです（笑）。これも「集合的一般常識」が変わったからでしょう

もっと本格的な「呪い」というのも、「集合的一般常識」の影響を強く受けます。いまの日本社会では「呪い」は迷信として退けられていますが、おそらく、安倍晴明の時代に

は、いまよりもはるかによく効いたでしょう。

天外は、「聖なるパイプ」を拝領していますので、インディアン社会に行くと、祈りで人々に奉仕する長老として遇されます（3）。先住民の社会では、いまでも「祈り」も「呪い」もよく効き、何の抵抗もなく普通に使われています。

アフリカのサッカーチームでは、選手よりも専属シャーマンに多くのお金を費やすそうです。シャーマンは時には相手チームの有力選手に「呪い」をかけるでしょう。

２０１０年の南アW杯のとき、天外は岡田武史監督に「フロー経営」の指導をしておりましたが、初戦のカメルーン戦の時、ハーフタイムにぎんぎらぎんに着飾ったシャーマンがロッカールームに入っていきました。このときの相手は「呪い」など信じていない日本選手だったので効かなかったのか、日本が勝ってしまいました（笑）。

意識の成長・発達のサイクル図（P46）を見ていただくと、「個の領域」をはさんで前後に「メンバーシップ認識」と「生物社会的帯域」という表現があります。

前述の通り、人間は４歳くらいで「社会に共通な認識様式」に参加します。それが「メンバーシップ認識」です。そこから抜けるのが**「生物社会的帯域」**です。

これを見ると、「個の領域」というのは、基本的に物の見え方、認識の仕方が社会という枠組みによりコントロールされている、あるいは社会に洗脳されているということがよくわかります。

「集合的一般常識」というのは、「社会に共通な認識様式」のごく一部にしかすぎませんが、それが時代とともに刻々と変化している、ということを説明してきました。「ステージⅣ」の末期癌患者がどんどん治癒するようになってきた、などがその例です。そういう刻々とした小さな変化が積み重なって、ある時振り返ると、きわめて大きな変化になっていることが3章で述べた**「社会の階層的変容」**（P49）です。

変容の最中には、まだ刻々と変化している訳であり、社会の中にいる人たちには中々わからないでしょう。

いま、アカデミックな世界では、社会全体が「オレンジ」から「ティール」に変容している最中だという説が一般的ですが、それがはっきり見えるのはおそらく50年後に振り返ったときでしょう。

なお、このようなアカデミックな世界における議論とは全く別に、スピリチュアルの世界では、星占いをベースに、地球は歳差運動のために2600年の周期で変容が起きる、いまは地球が**次元上昇（アセンション）**をしている時期であり、急激に変化している、という主張があります。

コミュニティ・ソースの中には、こちらのストーリーを信じておられる方も多く、それが運営に反映されています。コミュニティを論じるとき、スピリチュアル界における通説を無視すると理解が進まない可能性もあります（11章）。

9. マインドコントロール（洗脳）という幽霊

「悟り」や「解脱」を目指す人たち

はるか昔の話になりますが、**オウム真理教**の事件を目撃された方は、なぜ高学歴の優秀な人たちがあんな胡散臭《うさんくさ》い宗教にはまっていったのか、不思議に思われたでしょう。あのとき、洗脳とかマインドコントロールとかいうことが盛んに報道されました。最近では統一教会に高額の寄付をした人に対するマインドコントロールが少し話題になりました。

本章では、このような得体のしれないマインドコントロールについて、天外の体験を踏まえてお話ししましょう。

1993年7月、私は米国ワシントンDCで、**TM（超越瞑想）**というグループが主催する合宿に参加していました。すでにソニーの取締役に就任しており、１週間の休みを取るのは大変でした。世界中から瞑想者が集まり、意図的に参加者を段階的に増やしていき、ピーク時の人数は４０００人に達しました。

ＴＭというのは、一時はビートルズも参加しており、カウンターカルチャーの頃にはものすごい数の瞑想者がいましたが（１９８０年時点で推定約１００万人）、この頃には一時の勢いを失っていました。

このとき、ワシントンＤＣでの合宿の参加資格は、「シディ」と呼ばれる上級者合宿の修了者のみで、たまたま私は2か月前にその合宿を終えていました。

オウム真理教がよくＴＶで放映されたころ、死刑になった麻原彰晃などが結跏趺坐《けっかふざ》を組んでピョンピョン飛んでいるのを覚えておられるでしょうか。あれが「シディ」です。ちなみに麻原彰晃は「シディ」2期生で、天外は51期生です。

本来、この「シディ」のワークはヒンズー教の行者（サドゥー）が尾てい骨を岩に打ち付けてクンダリニーの覚醒をするための方法論だそうです。

それを、勢いを失ったＴＭの起死回生の策として、「人は空中浮遊ができる、そのためのトレーニングだ」と称して導入したのです。ヨーガ行者にいわせますと、これは詐欺的なマーケティングだそうです。

TMでは、瞑想者が人口の一定割合（1％）を占めるようになると、その地域の病人が減り、犯罪が減る、「シディ」のレベルだと10分の1の人数でも同じ効果が出ると主張しています。当時のワシントンDCの人口は約60万人であり、「シディ」瞑想者が4000人（0・67％）集まると十分な効果が出る、という読みでした。瞑想者の数を段階的に増やしたのは、人数を増やすことにより、効果が徐々に上がっていくことを実証したかったようです。私が参加したのは、1か月間の合宿の最後の1週間で、人数がピークの4000人に達した時でした。

ワシントンDCの多くのホテルの地下駐車場を借り切って、そこにマットを敷き詰め、ものすごい人数が、午前中いっぱい無言で皆ピョンピョン飛ぶのです。駐車場が使えなくなるので、ホテルも大変だったと思います。

薄暗い中で、ドスン、ドスンという音が響き、「アー」とか「ウー」とか声が漏れ、時々は笑い出す人がいます。「怪しい」を通り越して「不気味な」光景でした。

でも、これだけ大勢が一緒に瞑想するので、瞑想そのものはかなり深くなり、気持ちはよかったです。

昼になると、とても美味しいビーガン料理が振舞われます。午前中いっぱいピョンピョン飛んでお腹をすかしているので、皆大喜びでした。

午後になると、ミーティングです。ワシントンDC警察の副所長が熱心なTM瞑想者で（だから多分ワシントンDCを選んだ）、その日の犯罪、救急車の出動回数などを報告します。犯罪も病人も顕著に減ってきた、とのことです。

しかしながら、私たち実業界に長年いた者は疑り深いので、内部の人間がいくら数字を並べてもそのまま信用はできません。中立なマスコミ、あるいは公共部門に調査を依頼すべきだったでしょう。

その後のミーティングは、「これは、カルト教団だ！」という感じでした。私は、2日だけミーティングに出ましたが、たちまち嫌気がさし、その後は昼食後のミーティングをさぼって街の散策にあてました。

この最後の1週間は、おそらく世界中のTM教師が動員されたと思います。昼食時にきわめて多くのTM教師と知り合いになりました。皆、10年、20年と瞑想を教えることで生計を立てている人たちです。

お互いに、あの人は「光明を得ている(Enlightenment)」とたたえあっています。「悟り」を得た、というのとほとんど同じ意味でしょう。

ところが、国籍が違い、肌の色が違うTM教師たちの大多数が、同じ印象なのに私は奇異の念を禁じえませんでした。

とても優しく、微笑を絶やさず、言葉遣いが丁寧で、すごくいい人たちなのです。しかしながら、何となく精気に乏しく、くすんだ感じで、人間的な魅力が感じられません。美的価値観は、人それぞれでしょうが、私にはエゴむき出しで、毒を吐いている人の方が、はるかに魅力的に見えます。

「これが、悟りか……」

私は、合宿が終わると同時にTMから抜けました。10年も20年も瞑想を続けた結果があるとしたら、とても続ける気にはなれません。その後も、チベット密教や坐禅をかじりましたし、この経験は「実存的変容」をサポートするための瞑想法を指導するうえで、大いに役立ちました。しかしながらこのとき以来、「悟り」に向かうような修行は一切やめ、人生を歩む指針が固まりました。

『「悟り」も「解脱」も糞くらえ！
煩悩にまみれて、死ぬまですったもんだと生きてやる！』

これは大正解でした。6章で天外塾の紹介をしましたが、「悟り」や「解脱」を目指している人は、まず「実存的変容」を超えられません。何度も述べているように、「実存的変容」というのは、「ダメ人間」を平気でさらせるようになることですが、「悟り」を目指している人は聖人を装ってしまうので金輪際「ダメ人間」にはなれないのです。

このワシントンDCの合宿から30年が過ぎ、天外塾で多くの塾生の変容をサポートしてきたいま、あのTM教師たちは、はたして「悟り」に達していたのだろうか、と疑問に思っています。

洗脳か？　意識の変容か？

断定的に語ると語弊を与えそうですが、あの「精気がなく、くすんだような感じ」こそ、魂が抜かれた洗脳（マインドコントロール）状態なのではないか、という疑問が沸き起こりました。

一般に、眠らせなかったり、暴力を伴ったりするものを洗脳、一見自発的のように見せかけるのをマインドコントロールと呼び分けているようですが、意識レベルの理性的判断を抑圧して、無意識レベルをひとつの方向にコントロールする、という意味では両方とも同じでしょう。

誰かが意図をもって、人をコントロールすることは洗脳（マインドコントロール）です。でも、意図と無関係にコントロールされていることまで定義を拡張すると、**「人は全員洗脳されている！」**と断言することができます。

「社会に共通な認識様式」というのがそのひとつです（8章）。その社会で生きている限り、誰もが社会による「洗脳」から逃れることはできません。逆に、その洗脳の外側で生きると、とてもつらくなります。

宗教というのも、一種の洗脳でしょう。ひとつの教義をやみくもに信じることになるからです。ＴＭも「自分たちは宗教ではない」と言っていますが、どこからどう見てもヒンズー教系の宗教です。教祖がいて、教義があります。ＴＭ教師たちは、教祖に帰依し、ＴＭ教の教義を信じています。

スポーツや芸能のファンというのも、一種の洗脳でしょう。プロ野球チームの熱狂的ファンは微笑ましいですが、一種の洗脳ともみなせます。この世の中、洗脳ではない現象を見つける方が難しいほどです。

しかしながら、このような軽い洗脳では「精気がなく、くすんだ」感じにはなりません。

意図的な洗脳の手法としては種々ありますが、**意識レベルの理性による判断の力を弱め、無抵抗状態で無意識レベルにインプットする、**というのが共通のポイントでしょう。

しかしながらこれは、「エサレン研究所」で開発された多くの意識の変容のための方法論でも同じです。結局、洗脳の方法論と意識の変容のための方法論は、紙一重というか、ほとんど同じと言ってもいいでしょう。

5章で、ウイキペディアで**「ヤマギシ会」**の**「特講」**が、「意識の変容」か「洗脳」か、と議論されているとお伝えしましたが、これはどちらかにキメつけることではなく、両方とも正解かもしれません。

したがって、方法論が問題なのではなく、結果として以前より**「生き生きと輝いて活動的」になるか、「精気がなく、くすんだ」状態になるか**、という違いが問題のような気がします。同じ方法論によるワークを受けたとしても、そのどちらにでもなる可能性があるかもしれません。

意識が変容して「生き生きと輝いて活動的」になるというのは、何度も述べているように、ガソリンエンジンの出力を絞って、モーターで走り始めた状態にたとえられます。

「精気がなく、くすんだ」状態というのは、よくわかりませんが、ガソリンエンジンもモーターも回っておらず、どこからか借りてきた推進力で走っている……という印象を受けました。

9. マインドコントロール（洗脳）という幽霊

ＴＭ教師の場合には、自らの推進力を使わずに、カリスマ教祖とかなり先鋭的な教義に対する信仰の推進力で走っている感じです。前述のように、瞑想者が増えると犯罪も病気も減ってユートピアになるとか、トレーニングすれば空中浮遊ができるようになるなどといった、ラディカルな教義です。

前記のように、宗教は全部洗脳だという見方もできるのですが、だからといって信者が「精気がなく、くすんだ」状態にはめったになりません。

おそらく、カリスマ的な教祖がいたり、えらくラディカルな教義があったりして、そのエネルギーに圧倒され、自らの思考能力が低下した状態で自分軸をなくし、盲従して絶対服従するような状況で、これが起きるのではないかと思われます。

そういう宗教を「カルト教団」と呼びます。ＴＭもアメリカでのいくつかの裁判で「カルト教団」という判決が出ています。

さて、この「カルト教団」によるような「精気がなく、くすんだ」状態（この後、これを「洗脳」と呼びます）と、4章でご紹介した**「あけわたし」**は何が違うのでしょうか。

これは、結構悩ましい問題です。

前述のように、「あけわたし」というのは、「ああなりたい」「こうしたい」という「自らのはからい」や、努力、頑張り、向上意欲などをすべて捨て去り、なりゆきに委ねてしまうことをいいます（P70）。

「自らのはからい」を捨てるということは、結局は、いままで強固に執着していた「自我（EGO）」をあけわたすということです。プロローグで述べたように、これは自己中心性の脱却を意味します。

何に「あけわたし」をするのかというと、宇宙の流れだったり、運命だったり、神様だったり、阿弥陀如来だったりします。

これらの「あけわたし」の対象は、様々な表現になっておりますが、基本的にはすべて**「真我（アートマン）」に含まれている**と私は考えています。何故かというと、3章（P54）で述べたように「真我」というのは「宇宙の根本原理（ブラフマン）」と一体だからです（梵我一如）。

ということはモーターで走るという「あけわたし」そのものが宇宙の源につながる聖な

る行為になっているともいえます。「真我」というのは、自分の中心なので「自分軸」は失いません。そうすると、「生き生きと輝いて活動的」になります。

一方の「カルト教団」による「洗脳」は、同じような「あけわたし」なのですが、その対象が怪しげなカリスマ教祖やラディカルな教義になります。本人は聖なる存在に「あけわたし」たつもりでしょうが、残念ながらそれは錯覚です。

ガソリンエンジンもモーターも回っておらず、訳のわからない対象に「あけわたし」てしまったので、「精気がなく、くすんだ」状態になるのではないでしょうか？

10.「Furyoh-Shine」と「コミュニティ・ソース」

どのくらい深いところに電話がつながっているか

6章で**インディゴ**についてお話ししました。まだ、正統的なアカデミックな世界では認められていませんが、どうやら**進化した人類が生まれてきている**ようなのです。一般的に語られているインディゴの特徴を再掲します（P134）。

※インディゴ＝権威や強制を嫌い、ものごとの本質を見抜く眼力があり、周囲からは変人と見られ、古い慣習、政治体制、学校教育などと戦っている「戦士」

本書をまとめる中で、天外にとっても大きな気づきがいくつも訪れましたが、そのひとつが長年画期的なプロジェクトを進めるキャラクターとして定義してきた**「Furyoh-**

Shine（不良社員）」が、じつはインディゴだった……というのがあります。これは、人類の進化を知る、という意味では、とても大切なトピックスなので、本章で少し詳しくお話ししましょう。

企業経営の世界では、新しい進化型組織の出現を説く、**フレデリック・ラルー『ティール組織』**（[27]英治出版、2018年）がベストセラーになり、大きなインパクトを与えました。この本で明らかに欠けていた、ある要素をラルーは後からビデオレターで言及しています。それが、**ピーター・カーニックが提唱する「ソース原理」**です（[11]）。

何か新しいことが始まるとき、誰かひとりがインスピレーションを受け取り、リスクをとって行動に移しますが、その人のことを**「ソース」**と呼ぶのです。

カーニックは、**ごく小さなアクティビティでも「ソース」役が必ず存在する、**と説いていますが、天外自身は比較的実現が困難な、大プロジェクトの「ソース」役を延々と50年以上にわたって、務めてきました。目が一重で顔は典型的な「醤油顔」なのですが、「顔はショーユ、中身はソース」をうたい文句にしています（笑）。

天外（前世の土井）の業績としては、「CD」や「AIBO」などが世の中で広く知られていますが、そのほかにも多くの技術開発プロジェクトの「ソース」役を務め、さらには技術とは無関係な医療改革、企業経営改革、教育改革、ホワイト企業大賞、日本列島祈りの旅、などにも手を広げています。

多くの「ソース」としての実体験から、天外はピーター・カーニックとはかなり違う**「天外流ソース原理」**を提唱していますが、それは、この後お話しします。

「ソース」とはどんな人？　という質問に対してカーニックは、ひとつの例として**「電話がつながっている人」**と答えたことがあります。

その行動の動機が、表面的なエゴから出ているのではなく、心の少し深いところから出てくるという意味でしょう。誰でも「ソース」になれる、ということは誰でも電話につながれる、という意味ですが、少し深いところにつながるためには、内省をしたり、ソースワークをやったりしたり、心を静める必要があります。

「その電話はどこにつながっているのですか？」という質問に対して、カーニックは、「それはわからん」と言っていました。

本章ではまず、深層心理学的見地から電話のつながり先を探求します。プロジェクトが大きく、困難を極めれば極めるほど、一層深いところにつながっている「ソース」役が求められる、というのが**「天外流ソース原理」**の特徴かもしれません。

天外は、**「NEWS」と名付けたワークステーション**（専門家向けコンピュータ）を開発しましたが、事業部が受け取りを拒否したために、極端に少人数の「社内ベンチャー」で商品化して大成功しました（1987年）。それに味を占めたソニー経営陣は「事業部長募集」とうたった社内募集をして20以上の「社内ベンチャー」を立ち上げ、新規ビジネスを開拓しようとしました。

大変な意気込みで、ものすごい投資と、エネルギーを注ぎこみましたが、どうした訳か、これらの「社内ベンチャー」は、ことごとく全部失敗しました。

事業部長というタイトルにつられて応募してきた人たちは、ある意味では欲に駆られていますす。つまり、推進力はガ**ソリンエンジン（シャドーのモンスター）**だけを回しており、モーターは回っていません。

この状態だと、新規ビジネスを起こすような大きいプロジェクトは、なかなか成功しないことを天外は36年前に指摘しています。以下、引用します。

「(成功するためには)その推進パワーは純粋な動機が好ましいというのだ。物事の本質にズバリと迫っていかなければならないため、出世のため、とか、名を上げてやろう、とか、金を儲けてやろうといったヨコシマな動機が強いと目が曇り、失敗しやすくなる(28)天外伺朗『人材は「不良社員」からさがせ』講談社、1988年、P112)」

ガソリンエンジンの推進力を「ヨコシマな動機」とばっさり切り捨てています。こういう動機は、外側から報酬が来るので「外発的動機」と呼びます。「外発的動機」に突き動かされているときは、心の内側からの衝動はシャットアウトしているので、電話がつながっていない状態と呼んでもいいでしょう。

何ら外側からの報酬は期待できないけど、内側からこみあげてくる「わくわく感」のようなものを「内発的動機」といいます。これが電話につながっている状態です。

いま、世の中で進行しているほとんどのプロジェクトは、**「外発的動機」＝「ヨコシマな動機」**を推進力として進行しています。それでも、だいたいうまくいっています。だから、プロジェクトを推進する動機が「外発的動機」なのか、「内発的動機」なのかなど、気にする人はほとんどいません。いいかえると、電話がつながっているか、いないか、ほとんどの人は気にしていないということです。

ところが、プロジェクトが画期的で、多くの困難を乗り越えなければいけない場合、とてもじゃないですが、「外発的動機」＝「ヨコシマな動機」だけでは乗り切れなくなり、どうしても「モーター」の推進力＝「内発的動機」が必要になります。

これがソニーの「事業部長募集」が失敗した理由です。

このあたりまでが、30年以上前に天外が確立していた、**「画期的プロジェクト成功の奥義」**（文献28のサブタイトル）です。

「外発的動機」や「内発的動機」というのはよく知られている概念であり、「内発的動機」により行動すると、成功しやすいというのは、ある意味では常識通りでしょう。

じつは、この成功法則はそれにとどまらず、**ミハイ・チクセントミハイ**（1934〜2021）という心理学者が提唱する**「フロー理論」**に関連しています（1）。人が無我夢中で何かに取り組んでいる状態を「フロー」と呼び、大幅にパフォーマンスが上がることが知られていますが、「外発的動機」ではなく、心の底から沸いてくる「内発的動機」に駆られて動かないと「フロー」には入れません**（注：「内発的動機」で動いても、必ずしも全部が全部「フロー」に入れるわけではありません）**。

つまり、画期的なプロジェクトが成功する秘訣と、「フロー」に入る秘訣はほとんど同じです。「天外流ソース原理」では、画期的なプロジェクトを進行させる「ソース」に話を絞りますが、そうすると「フロー」との関連が高くなるのは必然です。

1995年にソニーの社長に就任した**出井伸之**《いでいのぶゆき》（1937〜2022）はジャック・ウエルチを追いかけて「外発的動機」中心の経営（成果主義）を導入したがために、創業以来続いていたソニーの「フロー経営」が破壊されました。それが、ソニーの業績低迷を招き、2003年には「ソニーショック」と呼ばれた日本中の株価の暴落が起きました。以来15年間にわたって、ソニーは業績の低迷に苦しみました（1）。

それ以来、「フロー」が天外の中心課題になり、「フロー経営」「フロー教育」などを推進してきました。その中から「天外流ソース原理」が浮かび上がってきたのです。「天外流ソース原理」では、**どのくらい深いところに電話がつながっているか**が問題になります。

8章で**「集合的一般常識」**の話をしました。人間は4歳くらいから「社会に共通な認識様式」に参加するようになり、その社会の枠組みの中で生活するようになります。枠組みの中で生活すると楽に生きていけますが、逆に世の中の常識から抜け出せず、突飛な発想がなかなか出てこなくなります。

「社会に共通な認識様式」というのはラッキョウのようなもので、その皮が1枚1枚剥けていくことが「社会の進化」です。皮を全部剥くと何にもなくなりますが、それが仏教でいう**「無分別智」**です（2章、6章、巻頭のモンスター図参照）。

したがって、電話がつながっている先が、どんどん深くなると、その究極は「無分別智」

になるはずです。しかしながら、そこにつながれるのは仏教でいう「悟り」を開いた状態であり、さしあたり私たち凡人の日常の活動の範囲外と考えられます。

いま、現実世界で「無分別智」につながれる人はほとんど存在せず、ラッキョウの皮が1枚か2枚剥けた先にようやくつながる、というのが精一杯でしょう。

6章で、**「インディゴ」**と呼ばれる、ちょっと進化が進んだ人類の話をしました（P134）。ラッキョウの皮が1枚か2枚むけた先が、生まれつき見えており、いまの「社会に共通な認識様式」からちょっと外れている人たちのことです。

いきなり結論が見えてしまって、なぜそうなのかを一般の人々に説明できないので、社会の中で迫害を受け、鬱になり、おそらく世界中で何十万人と自殺をしました。彼らも、電話が深いところにつながっていた人たちだったでしょう。

これに関しては、このあともう一度戻ってお話しします。

「天外流ソース原理」の特徴とは？

さてここで、ピーター・カーニックとまったく違う**「天外流ソース原理」**のお話をしましょう。カーニックは一般論として、どんな小さなイニシアティブでも「ソース」は存在し、誰でも「ソース」になれると説いています。あらゆるアクティビティで、あらゆる人が創造的に人を巻き込んでいける黄金則があり、それを「ソース原理」と呼んだのです。ただ、電話がつながっていることが好ましく、トイレで座ったり、内省したりして「ソーシング」をする大切さを説いています。

「天外流ソース原理」は一般論ではなく、新規事業につながるような技術開発プロジェクト、世の中の常識を大幅に書き換えるようなイニシアティブに限ります。

そういうプロジェクトは、誰がやってもうまくいく、というレベルではなく、卓越した眼力と才能が要求されます。

「誰でもソースになれる」というメッセージを誤解して、闇雲に信じて走りだすと、ほとんどの人が「外発的動機」で動くため、ことごとく失敗するでしょう。その例が、前述のソニーの「事業部長募集」の失敗です。

天外は、ソニーの役員になってからの18年間で、「画期的な技術を思いついた。これをやらせてくれ！」というエンジニアの提案を数百は受けてきました。はっきりいって、その99・9％は「ガラクタ」です。皆、自我の肥大から誇大妄想に陥る傾向があり、ちょっとした思い付きを自分では「すごい」と思い込み、成功を夢見てガソリンエンジンを回して挑戦しようとするのです。「いいだしっぺ」をグローバルソースとして仕事をまかせると、ほとんど失敗するでしょう。

逆に、企業における研究開発マネジメントというのは、そういう何百、何千という「ガラクタ」の中から、一途の光明を見つけ出す、という類《たぐ》いまれな眼力が要求されるのです。実例をお話ししましょう。

CDのデモを事業部相手に最初にやった時には、「なんでこんなバカなものを開発したんだ。研究所はもっと俺たちの役に立つものを研究してくれ」と散々な評判でした。AIBOの最初のデモも、全役員からクソミソにけなされました。

一途の光明を見つけ出す、という類いまれな眼力を備えた人は、そうはいないということです。

世の中で、よく知られている例としてゼロックス「ＰＡＲＣ（パロアルト研究所）」のお話をしましょう。コピー機で大儲けをしていたゼロックス社は、メインフレーム・コンピュータでのし上がってきたＩＢＭに対抗して新しいコンピュータを開発すべく、１９７０年にＰＡＲＣを設立しました。

いま、私たちがコンピュータと呼んでいるものは、ネットワークも含めてほとんどがこのＰＡＲＣで開発されました。ＰＡＲＣ以外で開発された技術を探すのが難しいほどです。ゼロックス社は、無茶苦茶大儲けできる、世紀の大発明を手中にしたのです。

ところが、ゼロックス社の首脳は、この新発明を評価できませんでした。ＣＤやＡＩＢＯのデモを見たソニーの首脳陣と全く同じだったわけです。

ゼロックスの首脳陣の頭には、コンピュータというのは空調の効いた電算室にデンと座っている大型のメインフレーム・コンピュータしかなく、それ以外の概念は受け付けられなかったのです。

かくして、ゼロックスの首脳陣は、世紀の大発明を評価できなかった経営者として、世界中から嘲笑の的になりました。

しかしながら、世の中にメインフレーム・コンピュータしかない時代に、ＰＡＲＣの研究成果を見て、「すごい！」と評価できる人が世の中どのくらいいるか、私は疑問に思います。新技術の評価というのは、それほど大変なのです。

アップルの**スティーブ・ジョブズ**（１９５５～２０１１）は、その一途の光明を見つけ出す、という類いまれな眼力を備えたひとりであり、ＰＡＲＣの研究成果を見て大感動し、すぐさま商品化の許可を申請しました。かくして、行き場所のなかったＰＡＲＣの研究成果が１９８４年にアップルのマッキントッシュとして世の中に出たわけです（その前にＬＩＳＡというコンピュータがありましたが、記述を省略します）。

本書では、こういう眼力を備えた人を**「Furyoh-Shine」**と呼びますが、それをいまからご説明します。

これは「リスクをとって最初に行動に移した人をグローバルソースと定義する」、「うまくいくためには、ソースワークをやりましょう」というピーター・カーニックの説く一般論としての「ソース」の記述とは、かなり距離があります。

一般に、企業における技術開発は「千三つ」といわれるほど失敗が多く、経済産業省が推進してきた国家プロジェクトも、毎年何百億円もの資金を投入してもほとんど失敗していいます。それらの要因は「天外流ソース原理」で解明することができ、私は警鐘を鳴らしていいます5。

前記のスティーブ・ジョブズの例では眼力だけに着目しましたが、そういう眼力を持った人が実行しないと困難なプロジェクトはうまくいきません。

「天外流ソース原理」のキーワードは、この**「Furyoh-Shine」**です。いままで、普通に「不良社員」と表記してきましたが、本物の「不良社員」と区別するため、本書では「Furyoh-Shine」とローマ字で表記することにします。社員を**「Shine（輝く）」**と表記したのは、所を得れば輝く人々という意味も込めました。

「Furyoh-Shine」の定義＝自尊心が強く、性格も鋭角的だが、物事の本質を見抜き、仕事には抜群の手腕を発揮する切れ者タイプ。凡庸な管理型上司の下では「不良社員」に化ける（5P72）。

先にスティーブ・ジョブズの例をお話しましたが、**CD（コンパクトディスク）**開発の裏話をご披露します。ＣＤの基本特許は、天外（前世の土井）と**伊《い》賀《が》章《あきら》**（１９５１〜２０１７）の共願です。

ＣＤのプロジェクトの後、伊賀章はＳｕｉｃａ・Ｐａｓｍｏなどの非接触カードを発明し、ソニーの役員にまでなった大天才なのですが、私が拾い出した時には上司との折り合いが悪く、会社にほとんど来ていませんでした。文字通り、正真正銘の「不良社員」だったのです。

ＣＤにつながるディジタル・オーディオ（ディジタル信号処理で録音する技術）は、１９６８年ＮＨＫ技研音響研究部長、**中島《なかじま》平《へい》太郎《たろう》**（１９２１〜２０１７）が、放送局用の巨大なＶＴＲを使った録音機の試作を主導したのが世界で最初です。ディジタル信号処理は広い周波数帯域が必要なため、映像を記録するＶＴＲを使うと簡単にできます。

その直後に、英国ＢＢＣが普通のオープンリール・テープレコーダーと同じ固定ヘッド方式のディジタル録音機を試作しました。技術的には、ＶＴＲを使うより、こちらの方が高度です。

中島平太郎は、１９７１年にソニーに移り、技術研究所を設立して所長に就任しました。

10.「Furyoh-Shine」と「コミュニティ・ソース」

翌年、天外はまだ30歳でしたが、研究所の6つのグループのひとつをまかされグループ長を拝命しました。

中島所長は、すぐにBBCに対抗して固定ヘッド方式のディジタル録音機の開発を天外とは別のグループに命じました。この録音機は1974年に完成しましたが、1億円でも売れないくらいの巨大なマシンになったあげく、符号誤り対策をしてなかったので、時々けたたましいノイズを発し、社内の評判は散々でした。

中島所長は、酒の席で「私は、ディジタル・オーディオをやってNHKをクビになったけど、今度はソニーもクビになりそうだ！」と嘆いていました。

私は、何とか安価なディジタル録音機はできないか、発売直前の家庭用VTR「ベーターマックス」やその他の記録システムの技術資料を大量に取り寄せて、机の上一杯に広げていました。

そこへ、会社にも行っておらずブラブラしていた「不良社員」の伊賀章が遊びに来ました。以前彼が上司と激しい技術論争をしていた時、上司の間違いを私が鋭く指摘して以来、時々遊びに来ていたのです。

事情を飲み込むと彼は、目を輝かせて「1週間だけこの資料を全部貸してくれ」と言いました。

1週間後の彼の報告を聞いて、私は息を飲みました。半導体の進歩を読み切り、ディジタルが世界を席巻するピクチャーをイキイキと描いていたからです。それから50年がたっていますが、いまの世の中はまさに彼が予想した通りになっています。私は、オーディオのディジタル化を推進した最大の立役者は伊賀章だと思っています。

私はすぐに、伊賀章の異動を申請し、その後彼が完成させたのがベーターマックスのアダプターとして、1978年に商品化された世界最初のディジタル録音機「PCM－1」でした。

家電の世界では、ベーターマックス対VHSの家庭用VTR戦争がだんだん激しくなってきて、VHS連合は「PCM－1」を粉砕すべく別のフォーマットで業界統一を狙ってきました。「PCM－1」は符号誤り対策が弱かったのですが、ビットレートをちょっと上げて誤り訂正符号を導入した、至極まっとうな提案でした。

私は、そこまでビットレートを上げるなら、ちょっと誤り訂正符号を工夫すれば、訂正能力を落とさずに、ビット数を14→16に上げられるよ、と逆提案をしました。CDに向けてプロジェクトが進んでいたので、誤り訂正符号のノウハウはこちらの方がかなり進んでおり、コンピュータ・シミュレーションの評価法が確立していました。

伊賀章は、PCM－1を葬り去ろうとするVHS連合のドロドロした低次元の話し合いに嫌気がさして会合には出ていなかったのですが、誤り訂正符号が問題になっているのなら、こんなのはどうだと、後に「クロス・インターリーブ」と呼ばれる符号を提案してきました。コンピュータでシミュレーションすると確かに抜群の性能です。

私たちは、難解な誤り訂正符号理論の勉強を、歯を食いしばってねじり鉢巻きでやっていましたが、伊賀章はその輪講に出ていないにもかかわらず画期的な符号を提案したのです。勉強などしなくても本質をズバリと突くところが「Furyoh-Shine」の本領です。

私は、この符号は性能が良すぎるので、業界に提案するのをやめにしました。VTRのアダプターなどという中途半端な商品に使うより、本命のCDのために取っておきたかったからです。

業界統一フォーマットは、私が提案した簡単な訂正符号で十分戦えるだろう、という読みです。これは結論として、各社一斉に発売された統一フォーマットは、ソニーの「PC

M－F１」の一人勝ちになりましたので予想通りでした。

伊賀章は、ＣＤのプロジェクトには参加していません。半導体事業部に出向してＤＡコンバータの開発をしていたためです。当時ＤＡコンバータの価格が数万円もしていたので、このままではディジタル・オーディオの時代は来ないと見極め、それを安価なワンチップの半導体で実現することを提案し、頑張っていたのです。

なお、前記の「ＰＣＭ－Ｆ１」一人勝ちは、各社が14ビットで商品化したのに対して、ソニーだけが16ビットだったからです。16ビットのワンチップ・コンバータの開発まで手を伸ばしていたための一人勝ちでした。ただし、そのコンバータは、伊賀章が開発していたのとは、別の案が採用されました。

伊賀章は、技術の発展の中核部分を提案したにもかかわらず、タイミングが合わずに、ＣＤのプロジェクトには参加できず、来るべきディジタル・オーディオ時代に備えてワンチップ・コンバータの開発を提案したけど自分の案が採用されない、という悲哀を味わいました。

ところが、彼が発明した**「クロス・インターリーブ」**を改良して私がＣＤに採用したので、基本特許に彼の名前が残り、共同発明者ということになったのです。

じです。

２０１８年、伊賀章は69歳で亡くなりました。奇しくも、**吉福伸逸**（7章）の没年と同じです。

すでに述べた**スティーブ・ジョブズ**も、じつは典型的な**「Furyoh-Shine」**であり、鋭角的な性格など、先の定義が全部当てはまります。

彼は、マッキントッシュを開発するはるか以前から、頻繁にソニーに出入りしており、来るたびに技術好きの彼のために私がディジタル・オーディオの話をしていました。

彼が「Furyoh-Shine」であった証拠のエピソードは、いくらでもありますが、この後で少しだけご紹介します。よく知られているストーリーは、自分が招聘したジョン・スカリーに会社から追い出されたことです。スティーブ・ジョブズほどの人でも、凡庸な上司のもとでは正真正銘の「不良社員」に化けてしまうのです（笑）。

伊賀章にしても、スティーブ・ジョブズにしても、画期的なプロジェクトを成功させる、特に際立った「ソース」は「Furyoh-Shine」であることが多いのです（全員がそうだということではありませんが……）。なお、ジョブズも57歳で若死しています。

さて、この画期的なプロジェクトの「ソース」になりうる「Furyoh-Shine」と「インディゴ」は何が違うでしょうか？　両方とも「社会に共通な認識様式」のラッキョウの皮を1枚か2枚むいた状態にアクセス可能で、一般の人よりちょっと深く、ものごとの本質がよく見えています。

「インディゴ」は、社会に受け入れられなかった人が多くいました。「Furyoh-Shine」は、名前が出ている人は社会的に活躍していますが、凡庸な管理型上司の下につくと本物の「不良社員」に化けます（それが名前の由来です）。活躍するチャンスがなく、一生「不良社員」として過ごした人も多かったでしょう。両者とも性格は鋭角的です。

私は、「インディゴ」と「Furyoh-Shine」は、基本的には同じ種類の人たちだと思います。すでに述べたように、**電話がどこか深いところにつながっている人たち**です。

前述のように、「社会に共通な認識様式」というのは、社会の中で生きていくうえでのパスポートという意味もあります（6章）。電話がその奥にまでつながっていることは、世の中の常識からはずれた発想をするので、生きづらさの原因にもなります。

「インディゴ」が社会に拒絶されたように感じ、「Furyoh-Shine」が凡庸な上司のもとでは「不良社員」に化けてしまう、というのがそれです。

大組織の中で、前記で定義した「Furyoh-Shine」が「ソース」として画期的なプロジェクトを切り回していくためには、その鋭角的な性格を包み込み、突飛な考えを受容してサポートできる上司が必須です。

そういう上司を**「エルダー（長老）」**と呼ぶことにします。組織の中で「エルダー」に出会えなかった「Furyoh-Shine」は、いくら才能があってもプロジェクトを任せてはもらえず、本物の「不良社員」として一生を終わることが多いでしょう。

つまり、「インディゴ」にしても「Furyoh-Shine」にしても、不遇のまま終わるのか、画期的なプロジェクトの「ソース」となって飛躍するかの違いは、本人の能力や才能だけでなく、出会いのチャンスによるのです。もちろん、大きな組織でなく、プロジェクトが画期的でなければ、「エルダー」がいなくても「ソース」が務まるケースもあるでしょう。

経営評論家の中には、ソニーの経営を観察して「Furyoh-Shine」と「エルダー」のことを、「猛獣」と「猛獣使い」と呼んでいる人がいましたが（⑮P156）、この表現も実態をよく表しています。

私自身も若いころは性格が鋭角的であり、よく上司に噛みついていました。おそらく、傍から見たら「Furyoh-Shine」＝「猛獣」だったでしょう。ＣＤの開発の時には、所長の中島平太郎常務が、そして、NEWSの開発の時には、ソニーの初期の技術開発を支えた**木《き》原信敏《はらのぶとし》専務**（１９２６〜２０１１）が、それぞれ「エルダー」＝「猛獣使い」の役を引き受けてくれていました。

ＡＩＢＯの開発の時には、「エルダー」＝「猛獣使い」の役はおらず、ＣＥＯの出井伸之の猛反対の中、激烈なバトルの結果、ようやく「テスト販売」という形で商品化しました。ただ、このとき私はすでにソニーの役員になっており、凡庸な上司の下でもつぶされずにはすみました（この表現はとても「Furyoh-Shine」＝猛獣的：笑）。ただし、次の二足歩行ロボットＱＲＩＯの発売を強引に止められた時には、そのＣＥＯと激しい言葉のやり取りのメール合戦を、約１００人のエンジニアにＣＣを入れて、１か月間続けました。この時点（２００３年）で、私はまだ十分に「Furyoh-Shine」＝「猛獣」の資質をキープしていたと思います。

スティーブ・ジョブズの場合には、自分で起業してしまったので、特に「エルダー」なしでも、「ソース」に自動的に就任して初期の成功（アップルⅡ）を勝ち取りました。

実際の技術開発はスティーブ・ウォズニアックが担当しましたが、彼は「サブソース」の役割を選びました。ジョブズは、ユーザーは誰も見るはずもないプリント基板のパターンにまで美しさを求めるので、エンジニアたちは辟易としていました。

次のマッキントッシュの開発が始まったとき、リーダーはジェフ・ラスキンでした。マッキントッシュというのはラスキンが好きだったリンゴのことです。ジョブズは彼を追い出して自分がプロジェクトの実権を握りました。その直後、ラスキンはソニーを訪問してきて「ひどい」と泣いていました。ただし、この時はマウスの使用など、ゼロックスＰＡＲＣの開発技術をそっくりそのまま採用しようとこだわるジョブズと、ちょっと違う構想をラスキンは進めていました。

次にジョブズは、ウォズニアックをプロジェクトに入れ、彼を慕って大勢のエンジニアが入ってくるのを見計らって彼を外し、マッキントッシュの成果を自分一人で独占しようとしました。このあたりのやり方が、まさに鋭角的な性格丸出しであり、「Furyoh-Shine」＝「猛獣」と呼ぶのにふさわしいと思います。

マッキントッシュには、最終的にはソニーの3・5インチフロッピーディスクが搭載されました。これは、ソニーから人が常駐して準備を進めていましたが、内部開発にこだわるジョブズには内緒で、極秘で進めていました。

磁気記録のノウハウもないアップルのエンジニアが、フロッピーを短期間に自主開発することは到底無理筋だと、アップルのエンジニアにもソニーのエンジニアにも明白だったのですが、いくら説得してもジョブズは聞かないので、極秘に準備していたのです。

ジョブズは、技術はわからないのですが、独自の価値観と美意識に強硬にこだわって見当はずれのゴリ押しをすることもあり、このように「わからずやのジョブズ」に極秘で開発を進めることが結構ありました。

逆に、ジョブズのすごいところは、目標を明確に示して皆を「フロー」に入れる得意技です。マッキントッシュのプロジェクトの時も、「皆、海賊になろうぜ！」とエンジニアを鼓舞しました。マン・マシン・インターフェースに対する美意識も尋常ではなく、だから商品企画の天才といわれました。

しかしながら、鋭角的な性格、細かいところまで意固地にこだわる性格のために組織や経営は常にギクシャクし、社内はトラブルが絶えませんでした。

そこで、ペプシコーラのトップにいたジョン・スカリーを熱烈に口説いて、プロの経営者にマネジメントを任せようとしたのです。「あんたは、砂糖水を売って一生を終わるのかい！」という口説きのセリフは有名です。

ところが、そのスカリーは「エルダー」＝「猛獣使い」にはなれませんでした。前述のように、ジョブズの鋭角的な性格を包み込むことはできず、会社から追い払ってしまったのです。

CDやNEWSのプロジェクトで、鋭角的性格（猛獣）の天外を包み込んで「エルダー」＝「猛獣使い」役を担ってくれた中島平太郎や木原信敏は、大きな技術開発プロジェクトの「ソース」をいくつも体験しておられ、お会いしたころはまろやかな性格でしたが、若いころは結構「Furyoh-Shine」＝「猛獣」の様相を秘めていたことが想像できました（片鱗は見えておりました）。

かくいう私も、伊賀章をはじめとする多くの「Furyoh-Shine」＝「猛獣」を発掘しました。あちこちで迫害に遭っていた彼らを保護してプロジェクトを任せ、「エルダー」＝「猛獣使い」の役をこなしてきました。そういうプロジェクトはことごとく成功しました。

一時は、社内で「不良社員」がいると、みんな私のところに押し付けようとする動きがあったくらいです（そのほとんどは正真正銘の「不良社員」であり、とても大きなプロジェクトを任せられるような人材ではなかったです：笑)。

結局、「Furyoh-Shine」＝「猛獣」も、「エルダー」＝「猛獣使い」も、同じ種類の特性を持っているということです。ひとことでいえば、それは電話が相当深いところにつながっている人、ということになります。

電話がつながっていなければ、画期的なプロジェクトの「ソース」になれないし、「Furyoh-Shine」＝「猛獣」にもなれないし、「エルダー」＝「猛獣使い」にもなれません。

「ティール星人」の特徴に迫る！

さて、天外塾では20年にわたって塾生の「実存的変容」をサポートしてきました。これは、深層心理学で定説になっている「シャドー」(本書では「シャドーのモンスター」)と対峙して、共存できるようになることで「オレンジ星人↓ティール星人」の変容と呼んでいます。当時ＴＶ番組で「オレンジ星人」というのが流行っていたのでおかしな命名になりました。

変容後の「ティール星人」の特徴を次のコラムで示します(15Ｐ２４０)。

「実存的変容」が深まった人（ティール星人）の特徴

①むやみに「戦い」を仕掛けない。「戦い」は闘争だけでなく、立身出世のための戦い、名誉・名声・お金を得るための戦いも含む。
②むやみに「目標」や「夢」を設定して、それを追いかけない。
③むやみに「聖人」にあこがれない。
④むやみに「いい人」、「強い人」、「立派な社会人」のふりをしない。装わない。恰好つけない。素の状態、裸で生きている。
⑤自分の弱さや欠点をさらすことに抵抗感がない（常識的にはネガティブに見える側面も含めて自己受容している）。
⑥むやみに人を批判しない。
⑦むやみに「美しい物語」にあこがれない。むやみに理想を追わない。
⑧秩序のない混沌（カオス）の中にいても居心地の悪さを感じない。むやみに整理された秩序を求めない。

⑨発生した出来事や世の中の現象などに対して、論理的で美しい説明や理由付けをむやみに求めない。出来事や現象が、ただ「ある」ことを認める。
⑩むやみに「いい・悪い」の判断をしない。起きた出来事や結果、自分や他人の行為、自分や他人そのものなどに対して、ありのままを受け取り、判断を保留する。
⑪いかなる結果が出ようとも、それを淡々と受け入れる。
⑫物事を「正義vs悪」のパターンで読み解こうとはしない。「正義」を振りかざして「悪」を糾弾しようとはしない。自分や他人やお互いに対立をする人たち、あるいは組織、国家などに対して……。
⑬むやみに「善人」と「悪人」を切り分けない。世の中に「悪人」とレッテルを張れるような人は存在しておらず、抱えている葛藤の重さが違うだけだ、と認識している。
⑭むやみに「正・誤」を判別しない。誤を切り捨てないで、その中に潜む叡智を探す。
⑮むやみに自分と人、あるいは他人同士を比較しようとはしない。人は一人ひとり、存在しているだけで十分に価値があることを実感として把握している。

⑯むやみに「コントロールしよう」とはしない。他人も自分も組織も世論も。説得して他人の意見を変えようとはしない。したがって「社会を変えよう」というインテンションはなくなる。
⑰恋愛は、激しく燃え上がらず、静かな感じになる。パートナーに対して、独占欲や嫉妬心が希薄になる。
⑱あらゆる場面で「無条件の愛」が発揮される。
⑲自分とは異なる意見、思想、価値観、文化の人と一緒にいても居心地の悪さを感じない。
⑳他人の問題行為、わがままな行為、エゴむき出しの行為に対して、むやみに嫌悪感を抱かない。
㉑むやみに「自己顕示欲」むき出しの言動に走らない。自らの「自己顕示欲」の存在をしっかり把握している。
㉒自分自身、起きている出来事、他人との関係などを、客観的に遠くから見る視点を確保している（メタ認知）。
㉓他人や社会が、自分や自分の言動をどう見るかを、むやみに気にしない。自分をまげて、他人や社会に無理無理合わせたり、おもねたりしない。常に自

分自身であり続ける。
㉔むやみに過去を悔やまず、未来を思い煩わない。
㉕自らをあけわたし、宇宙の流れに乗ることができる。傍から見ると、やたらに運が良いように見える。
㉖「融和力」、「共感力」が自然に発揮されている。その人がいるだけで「安心・安全」の場ができ、人々がなごむ。

この変容は、深層心理学にしっかりと裏付けされており、方法論も無数にあり、多くの実績もあります。

本書の表現だと、**「ガソリンエンジン（シャドーのモンスター）」の出力を絞って、「モーター（真我）」**だけでも走れる状態、になります。

「モーター（真我）」は、「あの世」の存在であり、「無分別智」の近くに迫っています（巻頭のモンスター図参照）。したがって、「ティール星人」は明らかに相当深いところに電話がつながっている人たちです。「モーター（真我）」の特性は「無条件の愛」であり、「ティール星人」は人格的にもまろやかです。

スティーブ・ジョブズも、若いときからサンフランシスコ禅センターに通い、坐禅を続けていましたが、晩年はかつての鋭角的な性格が影を潜め、まるで禅の高僧のようになっていました。おそらく実存的変容を遂げて「ティール星人」に達していたと思います。**「Furyoh-Shine」→「ティール星人」**というパスも確かにあるようです。

彼が亡くなる直前、最後の「ソース」役を務めたのはカリフォルニア州クパチーノに建設した円形のアップル本社のプロジェクトでしたが、空調に電気がいらない究極のエコ設計であり、「ティール星人」になってもユニークさ、美的センスへのこだわり

フォルムが美しいアップルの本社（カルフォニア州クパチーノ）

は失っておりませんでした。最後まで電話がちゃんとつながっていた、ということです。

若いころのジョブズもそうでしたが、前記の「インディゴ」、「Furyoh-Shine」などは、電話がつながって「無分別智」に近づいているはずなのに、性格が鋭角的で、紛争をよく起こします。

ガソリンエンジンとモーターと両方とも回っている感じですが、フレデリック・ラルーが定義した「関係性」を重視するマイルドなグリーンとはまたちょっと違うようです。このあたりは、さらなる検討が必要でしょう。

「Furyoh-Shine」＝猛獣が「ソース」として活躍するためには、その上司に「エルダー」＝猛獣使いが必要だ、と述べました（P226）。「Furyoh-Shine」が思い切って活躍するためには、そこが「安心・安全の場」になっており、「無条件の受容」ができることが「エルダー」のひとつのスタイルです。

これは、スパイラル・ダイナミクスでは「存在のレベル」であり、「実存的変容」を超えた意識レベルと定義されています（3章）。つまり、このスタイルのエルダーの特性は、前述の「ティール星人」と重なります。たしかに、CDやNEWSの開発の時に「Furyoh-

Shine」＝猛獣であった天外をサポートしてくれた、中島平太郎や木原信敏は、まぎれもない「ティール星人」でした。

それでは、「エルダー」は全員「ティール星人」かというと、そんなことはありません。先に述べた、ソニーの経営を猛獣＋猛獣使いと表現したのは経営評論家の**立石泰則**《たていしやすのり》ですが、彼が書いたのは、放送局ビジネスを大成功させ、ソニーの副社長にまで上り詰めた**森《もり》園正彦《そのまさひこ》**のことです（⑮P156）。

森園正彦は、ビジネスの責任者で部長職にありながら、一時は自分で評価されないことをすねて会社に出てこなくなった「不良社員」だった時期もありましたが（⑮P155）、あちこちの職場で不遇を囲っている「不良社員」を自分のもとに集めてプロジェクトを推進させ、「エルダー」役を務めて放送局を顧客とするビジネスを大成功させました。ところが、森園正彦のマネジメントは、徹底した「親分・子分」の関係、つまり**「意識の成長・発達のサイクル」**図（P46）でいうと「アンバー」になります。中島平太郎や木原信敏のように「ティール星人」ではないのです。

私が業務用ディジタル・オーディオ機器の設計部隊を引き連れて、森園正彦の傘下に入った時、最初の二人きりのミーティングで、いきなり「お前、俺の子分になれっ！」といわれて困惑しました⑮。

「アンバー」というのは、清水次郎長一家のように、親分は子分を想い、大政、小政などの子分たちは「親分のためなら命もいらねー!」と頑張る関係です。

親分が「責任は俺がとるから、好きなように思い切りやってみろ!」という、いわゆる親分肌の態度をとれば、子分たちは「フロー」に入りやすくなり、成果が上がります。「エルダー」の中には、この親分肌も入ります。

部下にポーンと全面的に仕事を任せるのが「エルダー」です。それは「アンバー」でも「ティール星人」でも同じです。では、どこが違うかというと、コンパのとき「アンバー」は必ず上席に座り、マウントを取ろうとします(笑)。

結局、「Furyoh-Shine」・「インディゴ」・「エルダー」などと記述してきた一連の人材は、アカデミックに分析された「意識の成長・発達のサイクル」からは、ちょっとはずれているのでしょう。いまのところ「電話がつながっている」という共通項しか発見できていませんが、今後の研究が必要と思われます。これは、人類の意識の進化を考えるうえで、とても大切なことだと思います。

さて、ちょっと現実に話を戻しましょう。すでに**コミュニティ・ソース（主宰者）**という言葉を使ってきましたが、コミュニティというかなり大変なイニシアティブを、リスクをとって運営している人たちのことです。

ピーター・カーニックの説には出てきませんが、私は「アンカー」という役割も大切に思っています。電話がつながってインスピレーションを受け取って主導する役割ではないので「サブソース」とはちょっと違う、というのが私の見解です。

むしろ、身体を張ってそのイニシアティブまたは組織を守り、維持していく役割です。「ソース」が先頭を走り、攻め、行く末を示すのに対し、「アンカー」は守りに徹し、内部を整え、先頭を走る「ソース」が見落としたところ、漏れたところを補い、全般的にうまくいくように気を配り、最後尾を走ります。

「アンカー」は組織の維持と毎日の健全なオペレーションが主たる関心事であり、イニシアティブがどこに向かうのかはあまり気にしません。「ソース」をピッチャー役、「アンカー」とキャッチャー役にたとえることもできます。

「アンカー」は控えめな性格のことが多く（全員ではない）、「人知れずサポート」するので、チームメンバーがその働きをあまり認識しないこともあります。また「アンカー」役が複数いるケースも見てきました。

「ソース」と「アンカー」は、たとえばソニーなら、井深大と盛田昭男、ホンダなら本田宗一郎と藤沢武夫などが役割分担しておりました。

カーニックの定義では、この「アンカー」も「サブソース」ということになりますが、私は役割の性質がちょっと違う（ピッチャーとキャッチャーのように）ので、あえて別の命名にしました。

２０２３年は、**「コミュニティを深堀りするフォーラム」**を開催し、「キブツ八ヶ岳」に**滝沢泰平**、「ウエル洋光台」に**戸谷浩隆**、「俵山ビレッジ」に**吉武大輔**《よしたけだいすけ》、「ＳＡＩＨＡＴＥ」に**坂井勇貴**、「はっぴーの家ろっけん」に**首藤義敬**《しゅとうよしひろ》を訪ねました（12章）。

滝沢泰平、戸谷浩隆、吉武大輔、首藤義敬などは、明らかに「コミュニティ・ソース」でした。

「ＳＡＩＨＡＴＥ」は、おそらく、もうそこには住んでいない**工藤**《くどう》**シンク**が「コミュニティ・ソース」であり、坂井勇貴は「コミュニティ・アンカー」の役割を担ってきたように見えましたが、2023年11月11日に工藤シンクも出席して、「SAIHATE FINAL」という大きなイベントをやったので、「コミュニティ・ソース」が事実上承継され、新しい方向に一歩踏み出そうとしているのかもしれません。

私は、この人たちはインディゴだと思います（勝手にキメつけてごめんなさい、あるいはクリスタルかレインボーか……天外には区別がつかない）。一般社会ではとても暮らしにくいので、自らの居場所としてコミュニティを造ったのかもしれません。

だから、いま出来ているこれらのコミュニティは少なくともインディゴの楽園にはなっていると思います。

ただし、礼儀、マナー、挨拶、規律を重視して土地の古老と仲良くし、地域に溶け込む活動も見られ、必ずしもインディゴむき出しではないコミュニティもありました。

これらのコミュニティは、フィンドホーンなどの老舗のコミュニティと違って「装いがない」のが特徴です。だから、インディゴが安心して過ごせるのです。

これが、ひょっとするとコミュニティ進化のカギなのかもしれませんが、いまのところは仮説にとどめて、あと何年か探求を深めたいと思っています。

11.「意識の変容」など糞くらえ！

どのくらい深いところに電話がつながっているか

6章の最後に次のように書きました。

＊＊＊「次世代社会のひな型」となるコミュニティは、むしろ「意識の変容」など糞くらえ！……と、変容のための方法論などには見向きもしないコミュニティではないか＊＊＊（P142）

これはある意味では、カウンターカルチャーの遺産である「**ヒューマン・ポテンシャル・ムーブメント**」（7章）を真っ向から否定するコメントになっています。

前述のように、「LSDによる人類の覚醒」という夢が破れた後、アカデミックな人々と宗教家、心理学者などが協力して、ドラッグを使わないで人類の意識が変容する方法論が模索されました(7章、P159)。それは、サイコセラピーやボディワークの世界を一変させるほどの大きな流れであり、そこで開発された多くの手法は、いまでも盛んに使われています。

天外自身も、天外塾を主宰し、20年にわたって1000人以上の塾生の「実存的変容」をサポートしてきました。これはかなり成果が上がっており、「ティール星人」がたくさん生まれ、皆さん力を抜いて人生が楽になり、「宇宙の流れ」に乗れるようになりました。「エサレン研究所」に端を発する意識の変容のための様々な方法論は、確かに抜群の効果を上げてきました。

ところが、そういうアカデミックな動きとはまったく無関係に、インディゴが生まれ、私にはよくわからないクリスタルやレインボーが生まれているのです。

インディゴは、だいたい社会に受け入れられずに悩み、多くが鬱になり自殺をしました(6章)。これは、実際に何人かのインディゴと知り合い、内情を聞いてはじめて知ったことです。多くのインディゴは、社会の表舞台で活躍している人たちには知られることもなく、密かに悩み、密かに滅んでいったのです。

これが人類の意識の進化の実態であり、それにより生じた歪みでもあります。

これに似たことは、**「不登校」**という文脈では、私ははるか昔から気付いており、もう30年以上前から、**「不登校児は進化した人類だ」**という主張をしてきました。当時は、不登校は病気だ、あるいは親がよくない、子どもの首に縄を付けてでも学校に連れて行け、という風潮だったので、私の主張は世の中からは浮いていました。ただ、私の眼には公教育制度が人類の進化に追い付いていないように見えたのです。

当時、私が会った不登校児たちは、決してインディゴではなかったのですが、同じ傾向を持っており、私には進化した人類に見えました。おそらく、人類の進化というのは、私たちの目には見えない形でじわじわと進んでおり、その最先端の突出した部分がインディゴだったのでしょう。

２００９年から3年間、天外は**下村博文**《しもむらはくぶん》衆院議員の私的ブレーンを務めましたが、この問題を徹底的に議論しました。下村議員が文科大臣になって、２０１６年12月に成立した「教育の機会均等法」は不登校児を支援する内容ですが、その時の議論の成果です。

「エサレン研究所」に端を発する各種の方法論は、サイコセラピーの世界を一変させ、古い人類の人生を飛躍的にグレードアップするのにはとても効果を上げましたが、どうやら人類は、その横をするっとすり抜けて、勝手に進化しているようなのです。このことから、次の仮説が生まれました。

仮説 ＝人類の意識の進化は、古い人類の意識の変容とはあまり関係なく、主として進化した人類が生まれてくることによって起きる。社会の進化は、人類の進化が源なので、古い人類の意識の変容は主要な貢献にはなり得ない。

フィンドホーンは**アイリーン・キャディー**というチャネラーにより、1962年に設立されました(7章、P176)。アイリーンはトイレにこもってチャネリングをしていたので、記念のためにそのトイレは今でも保存されています。

共同創立者の、**ドロシー・マクリーン**(1920〜2020)もチャネラーで、妖精から情報を仕入れて不毛の砂地で野菜を栽培し、巨大に育てたことが知られています。天外が訪問した1997年当時、幹部の中に妖精が見える、という人がその他に2人いました。

いまは、普通のエコビレッジとして知られていますが、設立当初は「社会に共通な認識様式」のラッキョウの皮が何枚もむけたところに電話がつながっている人が多かったと推定されます。

その後、チャネリングによる数々の奇跡が評判を呼び、大人気になりました。カウンターカルチャー時代には、ものすごい人が押し寄せていたし、その後も「エサレン研究所」の方法論や、独自に工夫した多くのワークショップ（瞑想、歌、ダンス、を中心としたスピリチュアルなものが多い）を開いてにぎわっていました（7章）。

ただ、私が訪問した1997年当時には、「エサレン研究所」のヘビーな方法論は、片鱗は残っており、時々はワークショップが開かれていましたが、ほとんど影を潜めており、歌ったり踊ったりの遊戯的なスピ系のワークショップが大半を占めていました。

数年前に、Brexitによるビザの問題で講師たちが滞在できなくなり、さらにはコロナ禍の影響などによって財政難に陥りました。その危機を公認会計士が資産売却や人員整理で救いました。

２０２1年にはフィンドホーン財団に16年も務めたベテラン・スタッフ（head of house keeping）が解雇通告に怒って放火し、主要な建物が焼ける大火事が起きました。これが大きなダメージとなって、いま、60年余の歴史に幕を閉じようとしています

ただ、２０２４年3月末に、実際に訪問して調査してくれた**滝沢泰平**にいわせると、財団の運営は元々問題があり、コロナ禍がきっかけというよりは、コロナ禍で問題が明るみに出た、ように見えたそうです。

フィンドホーン財団は元々約１００人いたのですが、ほとんど解雇され、当時から残っているのは3人、あらたに資産整理のために9人が参加し、いまは合計12名で運営しています。

フィンドホーンはクルーニー・ヒルという１００室以上の大型ホテルを所有していたのですが、これも売りに出しているといいます。これは、主要な収益源なので、財団は借金返済を優先させ、再建を考慮していないことが疑われます。

世界中に熱烈なファンがいるフィンドホーンですので、ここまでひどくなる前に支出を抑えて寄付を募れば最少の痛みで再建できたのではないかと思われます。これが、ごく普

通の合理主義経営（オレンジ）です。

新しく財団メンバーになった人は、いろいろな再建案を出したらしいのですが、ことごとく古参メンバーに反対され、多くの人材が財団を去っていったそうです。


フィンドホーンは、創業者のアイリーンなどによるチャネリングで運営されていました。クルーニー・ヒルも「買いなさい」という情報が降りてきて、「えっ！」と驚いていると、ちょうど買えるだけの高額の寄付金が振込まれる……という奇跡の連続でした。

いわば「チャネリング経営」であり、天外の表現では「宇宙の流れ」に乗る運営だったのです（⑦）。「チャネリング経営」は、チャネラーがいなくなれば、烏合の衆になってしまう危険性があります。古参メンバーは「チャネリング経営」になじんできたので、自分はチャネリング能力がないにもかかわらず、うわついたスピリチュアルな解決を好み、ごく普通の合理的経営を受け入れなかった傾向が推定されます。そうすると、新しい財団メンバーにより合理的な再建案が提案されても古参メンバーに反対されて身動き取れないままに破綻に向かった可能性が高いでしょう。

創業者たち数人はチャネリングの力もあり、**「存在の美しい物語」**（P85）を語っていたのかもしれませんが、100人もいた財団メンバーにはそれは期待できず、同じ言葉を語っても**「生存の美しい物語」**になっており、4章で述べた「美しい物語」の害毒にはまっていったと推定されます。その差がわかる人は誰もいなかったでしょう。

本来は、人間の意識の成長がうたい文句で、多くの訪問者にそれを指導してきたコミュニティで、スタッフの解雇が放火事件になってしまったのは悲しいですね。一般企業でも、解雇は日常茶飯事ですが、こんなことはめったに起きません。

一般社会よりも意識レベルが高い人たちの集まり、というフィンドホーンのお伽話は、この事件で全面的に崩壊したと思います。

いわゆる「スピ系」と呼ばれる人たちは、日本にも大勢見受けられますが、祈りや瞑想を日課とし、「共時性」に過敏になっており意識レベルが高いと錯覚して、足が地についていない人が多くいます。フワフワした「スピ系」のお伽話《とぎばなし》を信じて、一般常識を馬鹿にしているので、こういう危機的状況を合理的な解決方法で乗り切るのがとても難しいでしょう。

フィンドホーンは、表で語られる**「美しい物語」**とは裏腹に、内部のトラブルは結構報告されています。天外が訪問した1997年でも、大企業の役員が来たというので相談を受けましたが、幹部の内紛は一般社会と同じ感じでした。

結局、最初少人数のチャネラーたちで運営していた時には、奇跡の連続だったのですが、人数が増えてきたら、ごく普通の運営になり、「美しい物語」を看板に上げているので、1997年時点では、装う人が多い「グリーン」になっていました。

さらには、4章、5章で述べたように、むしろ装っている「美しい物語」と現実との大きなギャップが強力な抑圧となって、一般社会でもめったにない放火事件に発展してしまったように見えます。

結論からいうと、フィンドホーンは競争社会で傷ついた多くの人たちに癒しと軽い気付きをもたらし、降りてゆく生き方の機能は十分に発揮されたでしょう。しかしながら、人類の進化や社会の進化にはあまり貢献できず、「次世代社会のひな型」にはなり得なかったということです。以下、もう少し詳しくご説明します。

なぜフィンドホーンは役目を終えたのか

1962年から活動しているフィンドホーンは、インディゴが大人になった2000年ころには世界的によく知られていました。

もし、進化した人類であるために社会との不適合に悩むインディゴたちを受け止めて、保護するシェルターの役目を果たせていたら、そして、そういうコミュニティがたくさんあれば、あれほど大勢のインディゴたちを自殺に追い込む悲劇が防げたかもしれません。

正直いって、私が訪問した1997年時点で、フィンドホーンはもうその機能を失っていました。安住の地を求めてインディゴたちが来たとしても、とても住める雰囲気ではなかったのです。

なぜかというと「いい人」を装う人が多く集まっていたからです。本書の表現でいえば「ガソリンエンジンで走っているのに、モーターが回っているふりをしている人」たちです。インディゴたちは、そういう装いにとても敏感ですから、1日も滞在できません。

こういうコミュニティを**「グリーン・コミュニティ」**と呼びます（巻頭のコミュニティ・チャート参照）。

インディゴたちは、現状のオレンジ社会には受け入れられず、鬱になるか自殺する人が多かったのですが、「グリーン・コミュニティ」も安住の地ではないのです。

アイリーンやドロシーが起こした奇跡の物語が喧伝され、有名になると、その「美しい物語」にあこがれて大勢の人が集まってきました。その中には、「止まらない列車」に疲れて降りてしまった人や、社会で傷ついた人たちもいたでしょう。スピ系の「癒し難民」も大勢訪問したと思います。そういう人たちを癒すという意味では、フィンドホーンが提供している各種ワークは、それなりの効果は発揮してきたと思います。これが、降りてゆく生き方という機能です。

だから、社会的には存在意味は十分にあったと思われます。

もしフィンドホーンが、単なる癒しより一歩深く、「エサレン研究所」で開発されたようなヘビーな方法論を相当みっちり実行していたら(そうすると人は集まらないでしょうが……笑)、「ダメ人間」を平気でさらす「ティール」レベルの住民が増え、インディゴたちのシェルターになれたかもしれません。

でも実際は、1997年時点で「グリーン・コミュニティ」となっており、インディゴたちのシェルターになれませんでした。放火事件があったということは、その後もおそらく同じだったと推定されます。

フィンドホーンを運営する人たちに、これが見えなかったことが、とても残念です。だから、電話がつながった進化した人類が創始者だったにもかかわらず、人類の進化に取り残されてしまい、大きな目で見ると、役目を終えたのでしょう。

カウンターカルチャーが終わり
ヒューマン・ポテンシャル・ムーブメントが終わり
フィンドホーンが終わり
スピリチュアル・コミュニティが終わり
美しい物語の時代が終わった

……のかもしれません。

フィンドホーンの終焉は、7章で紹介した吉福伸逸の死を想起させます。彼が死を選んだのは、「トランスパーソナル心理学」に絶望し、「ヒューマン・ポテンシャル・ムーブメント」に絶望し、人類の「意識の成長・進化」という神話に絶望したからではなかったのか、とほのかに思います。彼自身の言葉を引用します。

吉福は、仏典に書かれている境地というのはあくまで理想像であり、たとえ一度その境地に到達したとしても、日常に戻ればただの人。それを目指すのは意味がないし、ましてや人を意識の変容に至らせるなど、余計な介入、なにもしないのがいちばんだという（[19] P226、1990年の対談より）。

私がワークショップを再開してくれと、２００２年に懇願した時、吉福が頑強に抵抗していた理由が、フィンドホーンが破綻した、いまはよくわかります。私はまだその頃はお伽話を信じていたので、強引に彼を説得して２００３年からワークを再開してもらいましたが、それはやっぱり無理筋であり、彼の死期を速めてしまったのかな、と忸怩《じくじ》たる思いをかみしめております。

本章のタイトル**「意識の変容」など糞くらえ！**というのは、このような考察から生まれました。

結局、「意識の変容」というのは、古い人類が楽に生きるようになるためには役に立つとしても、それが直接的に次世代社会につながらないのでしょう。次世代社会というのは、古い人類があれこれと考えたこととは無関係に、進化した人類がごく自然に作っていくと思われます。

おまけに、コミュニティの中で「意識の変容」が話題になるということは、必ず「意識が高い/低い」というランクを発生させ、「意識が高い」ことを装う傾向を生じます。これは、人間である限り避けられないと思います。装いがあると、インディゴの安住の地にはならないことはすでに述べました。

つまり、「意識の変容」を掲げたとたんに「次世代社会のひな型」ではなくなってしまう、という大きな矛盾をはらんでいるのです。

さて、**「コミュニティを深堀りするフォーラム」**で訪れた各地のコミュニティに話を戻しましょう(10章)。この5つのコミュニティでは「意識の変容」は、ほとんど語られることはありません。変容のための方法論も導入されておらず、「美しい物語」もあまり語られていないようでした。

インディゴたち(あるいは、クリスタル、レインボー)がやっているので、さしあたりインディゴのシェルターにはなっていると思います。ただ今後、宣伝をして多くの人を集めると、傷を癒してほしいスピ系の「癒し難民」が大勢集まってきて、フィンドホーンと同じ落とし穴にはまる可能性もあります。

何人かのコミュニティ・ソースは、食糧危機が来る、と確信していました。陰謀論も含めて、相当に社会が荒れて、大変なことになる（2025年7月5日と具体的な日時を語る人もいました）、その時に野菜とコメを生産し、湧水を確保していれば安心だ、とシェルター機能を強調しておられました。

これは、誰かの予言なのか、自分の直感なのかは知りませんが、いずれにしても、いずこかに電話がつながっている連中なので、外野席からコメントすることは差し控えます。

アセンション（地球の次元上昇、P192）の話も、コミュニティ・ソースの間では、ほぼ常識として語られています。

アセンションに関しては、チャネラーの並木良和さんとの対談を2回やりましたが、彼がアセンション後に人々はこう変容すると語っていた内容は、私がアカデミックに解き明かした「ティール星人」の特徴（10章コラム、P232）とほとんど重なります（㉙並木良和、天外伺朗『分離から統合へ』ナチュラルスピリット、2019年）。

彼らがチャネリングで得たアセンションという情報は、単に「オレンジ星人」→「ティール星人」の変容のことなのかな、という思いも頭をかすめますが、ようわからん、というのが本音です。

もうひとつは、地球外生命体（宇宙人）との関係です。もう地球人だけで社会の進化などといっている段階ではなく、宇宙文明との接触はすでに始まっており、近い将来ものすごいことが起きる、という話も聞きました。

要するに、本書で延々と展開してきたような社会の進化に関する議論は、まったく無意味であり、近い将来宇宙文明との接触が起きるので、それに備えておく、というのです。

このあたりになると、もう私たちに足も出ません。はぁそうですか……とお聞きするだけです。

12. コミュニティを深堀りするフォーラム

全国で活動するインディゴたちの試み

本書は当初、２０２３年４月〜６月に訪れた５か所と、２０２４年に訪問予定のコミュニティの訪問記が中心になる予定でした（天外塾主催、「コミュニティを深堀りするフォーラム」）。

「深堀り」とうたっているので、運営上問題になりそうな項目に関して詳細な仮説を用意し、ミンデルの視点（４章）からも眺められるように文献8の翻訳者の**松村憲さん**にも講師として同行願って、それぞれの現場ではかなり深くて熱いダイアログが展開されました。

その内容はとても貴重なのですが、いずれ別の機会にご披露することにし、紙面の都合で本書では割愛します。

本章では概略の訪問記と、それぞれのコミュニティ・ソースに書いていただいた2000字の紹介記事のみにとどめます。

2023年「コミュニティを深堀りするフォーラム」

第1講（4月4日）は天外による概論

その後の5講は、コミュニティの現地を訪問してのリアル開催になりました。以下、ごく簡単にそれぞれのコミュニティ訪問をご紹介します。

第2講（2023年4月18日）

@「キブツ八ヶ岳」コミュニティ・ソース＝滝沢泰平（1982年生）

山梨県北斗市、八ヶ岳山麓の標高約1000メートルのなだらかな南斜面（2万坪）に2021年から展開する「生活共同体」、生産共同体」コミュニティ。畑900坪、田んぼ14400坪で自然農法。コメは年間10トン生産。野菜は月600箱出荷。その他のグッ

キブツ八ヶ岳の「リトリートドームOR」における「コミュニティを深掘りするフォーラム」（2023年4月18日）

ズ販売を含めて、年商約4億円。ベーシック・インコメとしてコメ60kgを住民各自に配布（初年度は100人、その後は64人、45名に縮小）。

住居、シェアハウスの他に直径15メートルのドームハウス（工費：1億5000万円）、食堂・集会所・宿泊設備のキブツハウス（6000万円で取得）などがあり、さらに広大な土地を取得して「エンディング・ビレッジ」を計画中。

立ち上げメンバーである理事6名。農業担当5名。住民約60名。ゲスト村民約300名。サロンメンバー1600名。

滝沢泰平「キブツ八ヶ岳」

八ヶ岳南麓の山梨県北杜市にあるキブツ八ヶ岳は、一般社団法人キブツ八ヶ岳が運営する農業生産型エリアコミュニティです。

〝エリアコミュニティ〟とは、エコ・ヴィレッジのような同じ敷地内で共同生活をするのではなく、八ヶ岳南麓にコミュニティメンバーが点在して独立した生活をしており、様々なプロジェクトで協力し合って日々活動しています。

2021年春から八ヶ岳南麓に移住した仲間で組織化して、スタートした当初は約100名ほどの移住者メンバーでお米作りを共同作業することから始まりました。

きっかけは、2020年に始まったコロナ禍であり、コロナの影響で八ヶ岳エリアでも農業を辞めてしまう高齢農家が続出し、耕作放棄地が急増したことからコミュニティによる農地管理計画が生まれました。

我々が管理を引き受けないと県外からの大規模農家が参入して来ており、その場合地域に大量の農薬や化学肥料が使われて環境が悪化する恐れがあったからです。

キブツ八ヶ岳の栽培方法は無農薬・無肥料の自然栽培によるお米作りであり、生産に非常に手間暇がかかるため、たくさんの人手が必要となります。

1年目は100名で役割分担をし、一人ひとりが日常の生活の中で出来る範囲で無理をせずに農業に参加する仕組みを作りました。

作業の強制はなく、毎日参加することも、1か月に1日だけでも、参加頻度によって報酬があるわけではありません。

その代わり収穫したお米を平等にすべてのメンバーに60kg分け与える"ベーシック・インコメ（basic income）"というユニークな企画にしました。

初年度のお米作りは大成功し、約10トンの収穫となったので、1人60kg×100人の6トンをすべて無償で配りました。

ただ、お米をそのままもらっても置き場所や管理も大変なので、6トンのお米をデジタル通貨に換えた"コメコイン"のWEBアプリもコミュニティ内で作り、お米1g＝1コメコインとして、1人60000コメコインを各自のアカウントに支給する実験もしました（現在保留中）。

コミュニティのお米作りはすべてが成功だけではなく、課題もあり、100名もいると実際ほとんど来られないメンバーも一定数いました。

そのため2022年からは徐々に地域や参加意欲なども絞って、2022年は64名、2023年は45名で活動しました。

2022年春には、農地以外にコミュニティの拠点となる〝キブツハウス〟という築50年の古い合宿所を所有することとなり、すべてコミュニティメンバーのDIYでリノベーションしました。

1700坪の広大な敷地に地下100メートルより湧水が湧いている非常に環境が良い立地に、宿泊部屋12部屋と180帖の大広間、業務用キッチンから大浴場・サウナや保健室まで完備された複合型コミュニティ施設として運営しています。

ここで全体集会（無償の食事付き）を開いたり、コミュニティ企画の様々なイベントを開催したり、外部からコミュニティ活動に興味ある人の宿泊対応などをしています。

2023年春には、天外伺朗さんたちがコミュニティ視察で実際にキブツハウスにもお泊まりいただき、全体集会にも参加して頂きました。

贅沢なおもてなしは出来ませんでしたが、我々が作ったお米のおむすびランチを提供させていただいた際に皆様が大変喜ばれていたことが印象的であります。

２０２３年からは農業以外のプロジェクトも活発化しており、大きなものには〝エンディング・ヴィレッジ・プロジェクト〟があります。

エンディング・ヴィレッジは簡単に言えば、

「みんなが安心して最期まで生きられる居場所」

であります。

意識の二極化が進む時代、血のつながりだけがすべてではなく、血を超えた同じ意識を持つつながりの家族のような存在を求める声も強まっています。

看取られるなら、そんな心（魂）のつながりのある〝家族〟に看取られたい。

その死を単純に悲しむだけでなく、死生観も共有しているから、その死の意味と魂の行き先も、お互いしっかり理解した関係の中で旅立ちを見守って欲しい。

そんな深い繋がりの出来たコミュニティのメンバーと、元気なうちから共に共同生活をしながら助け合い、やがては看取り合い、人生最期の瞬間まで楽しく幸せに安心して過ごせる理想郷。

それがキブツ八ヶ岳の〝エンディング・ヴィレッジ〟の構想です。

これはエコ・ヴィレッジのような同じ敷地内での暮らしを共有するコミュニティであり、2024年から土地の取得と全体構想のデザインを進めていきます。

他にも子どもの寺小屋としての集いや学び場を作るプロジェクトや、若い世代に住み込みながらコミュニティ体験を1年間してもらうジュニアアカデミー企画など、2024年は様々なプロジェクトが新たに始まりました。

ぜひ一度、ビジターセンターでもあるキブツハウスにお越しいただき、キブツ八ヶ岳の活動にもご参加ください。

第3講（2023年5月9日）

@ウェル洋光台　コミュニティ・ソース＝戸谷浩隆（1977年生）

横浜市洋光台の街中にあった元女子寮を買い取って37名が暮らす「生活共同体」シェアハウス。家賃は月額45000円〜65000円。

ウェル洋光台のリビングに集まって開かれたフォーラム

基本ポリシー

① 家主側は住民に一切のサービスをしない（運営は完全自主）

② 今日も明日も明後日も問題だらけ、それで順調（＝べてるの家）

③ 誰もが普通の人（特別扱いしない）

④ 個室以外は貸さない（住民は共有スペースに関しては何ら権利がない）

運営上も様々な工夫がされていますが、そのひとつが「問題をみえる化」し、「解決したことにしない」というのがあります。安易な妥協をせず、解決を急がず、問題がお互いにシッカリ見えたらよし、という態度です。

これは、かなり「ティール」に近い運営です。

戸谷浩隆「ウェル洋光台」

ウェル洋光台は2006年に開業した横浜にある多世代シェアハウスで、37名前後の住人が住んでいます。ここ5年ほどは、約半数がカップル・家族という構成で、大家である私たち夫婦も家族4人で子育てしながら暮らしています。近隣にはハウスで子育てを共にした家族が5世帯ほど住んでいるほか、千葉県鴨川市の「ちいさな地球」コミュニティの福岡家をはじめ、ここを実家のように思って時々戻ってきてくれる元住人が各所にいて、つながりは外に広がっています。

建物は、洋光台という街が拓けてまもない1971年に女子寮として建てられたもので、当時1階には寮母さん一家が住み込んでいました。子どもも住んでいる多世代シェアハウスはまだ少ない状況ですが、家の歴史を紐解けば、今も昔も似たようなことをしていると言えなくもありません。

シェアハウスは、ほっておいても自然によいコミュニティが形成され5年程はうまく運営が行くことが知られています。SAIHATEの坂井勇貴さんも述べているように、安心・安全を求める人の欲求によりコミュニティが自主的に生まれ、共通意識の薄れによってコミュニティは解体されていくのです。

私たちのシェアハウスも住人の自主性に委ねられる中で自然によいコミュニティが形成され、人気のシェアハウスになりましたが、その後、運営がうまくいかなくなり、一番少ない時期で７人しか人が住んでいない状況にまで追いやられてしまいます。

地主の増尾さんはそのような状況で結婚し、いったん家を離れていた初期住人の私たち夫婦に、コミュニティ運営を委ねることを決意し、私たちは当時２歳だった娘と家族３人、ここで暮らすために戻ってきました。開業当時、シェアハウス業界は黎明期《れいめいき》。住人と地主の協働で、共にシェアハウス運営を試行錯誤してきた中で育まれた信頼関係があってこそ、成り立った出来事だったと思っています。

出戻った当時、古くなったキッチンは床に穴が空いており、ベニア板で補強しているような状況でした。キッチンを改修するため、狭い仮設キッチンの部屋を作り、カセットコンロでしのいだ数か月は不便でしたが、今思い出しても本当に温かい気持ちになる思い出です。

ウェル洋光台には、子どもが駆け回り野菜がすくすく育つことのできる庭や、手仕事道具が揃った広いキッチンがあります。暮らしそのものを丁寧に楽しむことが浪費しないことに自然につながる余地があります。海外でもCo-Livingと呼ばれ近年増えつつある大規模シェアハウス。都市郊外における持続可能で豊かな懐かしい暮らしの可能性に私は惹かれたのでした。

そんな私たちのコミュニティには、開業当初から運営が住人の自主的なギフトで育まれてきた歴史があります。固定のサービスの廃止を打ち出し、運営チームを解散して、今年で9年目になります。問題を「みんなのルール」で解決することをやめたら、全体会議もなくなりました。意見の異なる当事者同士がよく話せることを大切にしたオープンソースのような共同編集方式で、運営を開こうとしてきました。

私たちは、サービスをゼロにするだけでなく、共用部はお金の対価として貸さないということも打ち出しています。人にとって森や大地は本来、過去の贈り物を受け取り、未来の地球と世代に向けて贈っていく所。そして、森や大地がどのように在ろうとしているか耳を澄ます所。ハウスを森のように扱うことで、自然を感じられる場所を都会に育んでいくことができないかと探求しているのです。

シェアハウスに関わるようになって17年、家族で出戻って11年が経ちます。振り返って、コミュニティでの暮らしは、パートナーシップや子育てと同様に苦労が尽きることはありませんでした。最も大変だったのは、期せずして精神病の急性期を迎えてしまったハウスメイトに対する対応でした。

厳しい現実に直面し、親しい間柄とは何か、深く考えさせられました。Covid-19の集団感染の際は、私たちを含め、多くのハウスメイトが同時に感染しましたが、感染しない人がご飯を作る支え合いが生まれ、皆で乗り切りました。

いつの時代も何かあった時、このお家を共に支えてくれるハウスメイトたちがいました。11年経った今、偶然にも頃合いに天外さんとのご縁をいただいて、より地に足のついた未来への希望を紡いでいこうとしています。

苦労の中にかけがえのない豊かな思い出が刻まれて、私たち夫婦もこの家と共に成熟しました。成熟しても、私たち夫婦を含め、誰もが暮らしの中では普通の未熟なただの人にしかすぎない現実は変わりません。

ただ、その未熟さこそが場の可能性と包容力と多様性を広げてくれることを子どもたちが教えてくれました。共に暮らすことは共に日が暮れるまで時を過ごすこと。これからも、かけがえのない人たちと共に、ただ気ままに、暮らしていけたらと願っています。

いつもみんなが集まる俵山ビレッジ「灯炬庵」のリビング

第4講（2023年5月23日）
@俵山ビレッジ　コミュニティ・ソース＝吉武大輔（1986年生）

日本各地の温泉の多くは、経済的発展を求めて観光地化されましたが、山口県の俵山温泉は共同浴場二軒以外には湯を引かず、古くからの湯治場をそのまま守っています。

この俵山温泉で2020年から「健康のテーマパーク」と「子育てを中心としたコミュニティ」を目指して、15名の住人を中心とした「生活共同体」コミュニティが運営されています。その他に129名のオンラインメンバー（MURABITO）がおられます。

湯治場の再生と持続可能な暮らしの両立を目標に、礼儀、マナー、外湯文化ならではの風習などを大切にすることで、地域社会と良好な関係が育まれています。

吉武大輔「俵山ビレッジ」

西の横綱と呼ばれる俵山温泉は、訪れる人々の心と体を癒す「湯治場《とうじば》」として1100年以上、受け継がれてきました。加水・加温・循環・塩素消毒なしの源泉掛け流しであるだけでなく、41度前後の適温のお湯が岩盤の間からこんこんと沸き続ける自然湧出泉（ボーリングで掘削したものではなく、自然に湧いている温泉）です。

重ねて、抗酸化力が高く（湯の鮮度が保たれ、体内のサビも排毒できる）、飲泉も可能であることをふまえると、温泉大国日本においても他に類を見ない大変貴重な温泉であると言えます。

全盛期には全国から湯治客が訪れ、「いろいろ温泉を巡ったけれど、俵山温泉が一番」というたくさんの声をいただきながらも、医学の発達、湯治文化の衰退、常連客の高齢化、旅館や商店の廃業など時代の波にのまれ、地域は徐々に衰退していきました。

そんな中、2020年6月より「直感ぶらり旅」という企画をスタートさせた吉武大輔が、8月に俵山温泉に滞在。その土地の人々や物件との出会いを経て、同年12月より「俵山ビレッジ」を開村。今日に至るまで様々な軌跡や物語を経て、2024年1月現在、移住者15名、多拠点生活者2名、不動産13棟、MURABITO（オンラインメンバー）129名のコミュニティに成長しています。

「コミュニティを通じて、人をつくる」を理念に、空き家をシェアハウス・カフェバー・コワーキングスペース・民泊・ゲストハウスなどに再生させ、持続可能な暮らしと人づくりを行っている俵山ビレッジ。

個性豊かな住民たちが暮らす中で、共通して大切にしていることに、「自分のやりたいことを実現するという目線ではなく、自分が暮らしている地域や関わっている人たちの幸せを実現することで、結果的に自分を含めた長期的・安定的な幸せを実現する」という考え方があります。

俵山ビレッジが環境と機会を提供し、メンバーは、自身の自己実現と地域コミュニティへの貢献をバランスよく実践する。そうすることによって、お

工藤シンクが描いた俵山ビレッジの展開図

互いに相乗効果を生み出すことができています。

また、コミュニティでの共同生活を通じて、深い信頼関係と絆で結ばれ、血縁を超えた家族のような人間関係も育んでいます。地域産業の復興や事業承継も積極的に行うことで、地域創生というフィールドにおいても注目される地域となってきました。

俵山ビレッジの特徴は、「地域一体型コミュニティ」であることです。

自分たちの理想郷を人里離れた場所につくるのではなく、地域に溶け込み、地域の方々と一緒に自分たちの目指す世界を作り続けています。地元のおじいちゃんおばあちゃん、そこに暮らす人たちから理解や応援をいただけなければ、持続可能なコミュニティをつくることはできません。俵山ビレッジのメンバーだけでできることには限界がありますが、「俵山温泉を守っていきたい」という共通意識を持っている地域全体で力と心を重ね合うことで、一人では想像できなかった未来を生きることができると確信しています。

数年後には、同じように日本全国で忘れ去られてしまう可能性のある地域に、俵山温泉で育った人材（=コミュニティコンサルタント）を派遣し、日本全国のコミュニティをつなげたいと思っています。

地域づくり、社会づくり、国づくり、未来づくり、それらの根底には、必ず人づくりがあります。俵山ビレッジが目指す人物像は、人と人との間にある愛に素直に感動し、それらを周囲に分かち合える人間です。古き良き時代の日本で大切にされてきたものが残っている俵山温泉で、目には見えない大切なものを次の世代に継承するためにも、私たちは俵山で生きていきます。健康で、愉快に、豊かに、仲の良いコミュニティづくり、人づくりに興味がある方は、ぜひご一緒できれば幸いです。手足を動かし、頭を使い、心を重ね、共に弥栄を祈りましょう。

第5講（2023年6月6日）
@SAIHATE　コミュニティ・アンカー＝坂井勇貴（1984年生）

熊本県宇土半島三角の山の上。絶景の海を望むなだらかな南斜面の一万坪に展開するエコビレッジ、現在大人9人、子ども11人が暮らしています。月額￥15000。ルールもなく、リーダーもおらず「お好きにどうぞ」という魅力的なキャッチフレーズを掲げて、2011年11月11日スタートしました。2023年11月11日、いったんクローズし、次の態勢を模索中。

この場所は、かつてソニーの創業者、井深大が知的障害者の作業場として開いた「太陽の家」の跡地。ラジオの組み立てなどを行っていました。SAIHATEに向かう車の中でそれを知った天外は驚愕！　大きなご縁を感じました。

12. コミュニティを深堀りするフォーラム

[SAIHATEのイメージ図を描いた工藤シンクからのメッセージ]
「まず、工藤シンクのサイハテ村の完成イメージがこうであったこと。人は魅力的なイメージを植え付けられると、そこに引っ張られていくので、この絵をみんなが日々集まるサイハテのコミュニティセンター（サイハテラボ）に掲示し、みんなのイマジネーションや、やる気の糧になるようにした。そもそも、0～1づくりにおいて……“村づくり”といったところで、住人たち含め、集まる人々は、発起人がどこまでイメージしているか（本気なのか）を知る由もない。荒んだ廃村からのスタート、そんな環境で、ともすれば日々の生活に追われ、方向性を見失わないように。ここにむかうんだ！ と。ほとんどの人は下（過去）から積み上げた今と、その先の未来のイメージにとらわれるが、工藤シンクは魅力的な未来を想像、想像する……未来から手繰り寄せる手法（人生）をしています～」

坂井勇貴「SAIHATEという物語」

三角エコビレッジSAIHATEは、2011年東日本大震災があった年に開村しました。エコビレッジを作るためには「精神的指導者であるリーダーと、良くできたシステムやルールが必要である」と言われていますが、私たちは「リーダーもいない、ルールもない、お好きにどうぞ」で村作りに挑戦しました。

それは、答えの見えない現代社会に対する抵抗であり、盲目的に常識やシステムに依存し、生きる屍に成り下がったオトナたちに対する戦線布告でもありました。

「お好きにどうぞ」という秀逸なキャッチコピーは、過激に反抗する事が出来ない若者たちにとって、実に手に取りやすいゆる系レジスタンスたちのシンボルになった訳です。

そんな、トンデモ開村宣言から、日本中にいる社会不適合者たちが最果てにある楽園を目指してやって来ました。40日間ぶっ通しでフェスを開催する人、アースバッグ工法という土で家を作る人、白装束で舞うあやしい人……ここでは到底語る事が出来ないような無茶苦茶な人たちが集まり、村という名の社会を形成していきました。

「お好きにどうぞ、なんてコミュニティは上手くいくはずがない」という常識者たちの思惑通り、見事にカオスな世界が繰り広げられたのです。

ボロボロの廃施設に子どもの手のひらより大きな蜘蛛、快適とは程遠い住環境、ファンタジスタたちの予測不可能な選択と行動、ぬるま湯に浸かって生きている人では数日泊まる事すらできない過酷な環境ではありましたが、SAIHATEを知る人にとっては、一番楽しかった時であり、一番生きている実感を強く感じた時でもありました。「私という存在が生きていた」と。

それは、どんな感覚なのでしょう？　日本の精神科医で京都造形芸術大学の教授だった野田正彰《のだまさあき》が表現した「震災ユートピア」のような、大規模な災害が発生すると、被災者や関係者の連帯感、気分の高揚、社会貢献に対する意識などが高まり、一時的に高いモラルを有する理想的といえるコミュニティが生まれる現象に近いものがあるのではないでしょうか？

持てるモノもなく、誇るようなモノもなく、しなければいけないコトも、するべきコトもない状況下で、あるがままの自分に出逢うというのは、当事者だけが味わう事ができる、生の実感だったのでしょう。

ただ、震災ユートピアは長くは続きません。安心で安全を求める人の欲求により、復興が起こり、共通意識の薄れによって理想郷は解体されていくのです。SAIHATEも然りで、熱量の高い創生期から快適な環境を作る安定期によって、場は変化していきました。

SAIHATEを構成する住人や訪れる人も変わり、よりクリーンな住環境、秩序やシステムが開発されていったのです。それを進化と呼ぶか、崩壊と呼ぶかは、価値観により変わるので分かりませんが、私たちのSAIHATEという場を通して様々な実験を行ってきました。詳細を知りたい方はnoteにまとめているので、こちらをご覧ください

（https://note.com/en_movement）

ここでは、具体的にどんなエピソードが生まれたのかは省きますが、日本の第2次コミュニティブームの立役者であるSAIHATEが、開村から閉村までの12年を振り返り、どんな場所であったのか、村づくりとはなんだったかと聞かれたら、SAIHATEとは物語であったと私は思っています。

何が正解で、どんなコミュニティが理想的かなんて事は私たちにはどうでもいいコトであり、大事な事は、私たちが自らの手で想像し、創造してきた経験であり、12年間丸ごとの日々そのものなのです。それは決して綺麗事ではなく、愛すべきコミュニティモンスターたちと過ごした奇想天外な日々、満天の星空の下で焚き火を囲んで話した夢の数々、それぞれに腹の底から「生」を表現することで生まれるエゴや衝突。ありとあらゆる面倒くささを味わう事が出来る事こそが、村づくりの醍醐味であると。そのすべてが愛おしく、過不足なく、刺激的な日々であったと。

そして、人生もまた物語だと私は思うのです。山あり谷あり、苦難を乗り越え、仲間たちと頂きでみる景色は、登った人にしか味わう事が出来ない素晴らしいモノです。正解な人生がないように、完璧な人生はありません。誰にとっても理想的なコミュニティも存在しません。最愛のパートナーも見つけるモノではなく、育んでいくモノです。誰に何を言われようと、あなたがあなたという物語を生きていける場が作れますように、最果てから祈っています。

そして、最後にＳＡＩＨＡＴＥという物語を共に創造してくれたすべての人たちに感謝を申し上げます。12年間ありがとうございました。また新しい物語でお

SAIHATEに集まった「コミュニティを深掘りするフォーラム」のメンバー
2023年6月6日

会いしましょう！

三角エコビレッジＳＡＩＨＡＴＥ／コミュニティマネージャー　坂井勇貴…アートとクリエイティブ、リアルとＷＥＢを融合させる「最先端な田舎暮らし」として注目を集める次世代型エコビレッジを運営。２０２２年、コミュニティの集大成とも言える〝お金が消えた世界〟を創造するため一般社団法人タダの箱庭を創設。ＣＦで１３００万円以上の支援金と１０００人を超える支援者を集め話題に。ボーダレスジャパンが選出する２０２２年を代表する社会課題解決型プロジェクトのアワードで最優秀大賞を受賞。

第6講（2023年6月20日）
@はっぴーの家ろっけん　コミュニティ・ソース＝首藤義敬（1985年生）

神戸市長田区は、1995年の阪神淡路大震災で焼け野原となりました。2017年に首藤義敬は5億円の借金をして、そこに6階建てのビルを建設、全45室に高齢者（認知症の方も含む）、障がい者、子育て世代、外国人が暮らしている **「介護付きシェアハウス」＝「拡張家族」** を開設しました。傷ついた人や社会で住みづらい人を積極的に受け入れているので「シェルター」機能を強く発揮しています。

「拡張家族」としては、関係性が極めて濃厚であり、「みとり」と「お葬式」をとても大切にしておられます。**コミュニティ・ムービー『30』** に、生前のその方の意志を汲んで様々な工夫をし、所内で盛大なお葬式をする様子が収められています。認知症老人、社会的弱者が中心なので、「ダメ人間」をさらして「存在」そのものが尊重されているのは当然ですし、「無条件の受容」が無理なく発揮されています。つまり、「ティール・コミュニティ」としての要件がほぼ100％満たされています（巻頭のコミュニティ・チャート参照）。

首藤義敬「はっぴーの家ろっけん」

今までコミュニティを作ろうと思ったことが一度もない。コミュニティというのは形のない現象であって、あくまでも副産物だと思っている。

例えるなら、鰻屋さんの煙に近い。コミュニティ形成を失敗している場所は鰻屋の煙を作ろうとし、成功している場所は何度も訪れたくなる鰻そのものを焼いている。必要とされる価値が無意識下に存在するから人が集まる。

集まっている人たちにとって何らかの価値があれば集まるし、なければ集まらない、ある意味ドライなものが僕の中のコミュニティの捉え方である。

「多世代型介護付きシェアハウスはっぴーの家」とは何なのか、やっている本人の僕がいまだに説明出来る自信がない。「この場所は何の場所ですか？」と聞かれた際も「僕たちにとっては家です。常に誰かが居るし、遊びに来るので子育てと介護も託せる家。介護や子育てをポジティブに戦略的放置出来る場所です」と答えています。

「日常の登場人物を増やす」ことを大切にしている

「日常の登場人物を増やす」

この場所について明確化していないので全員が違う答えを答えるのが面白さでもあります。週に200人位の出入りがある24時間出入り可能なリビングがあり、高齢者、障がいを持っている方など様々な方々が暮らしている。そこに場に関わる人や自分たちが欲しいもの、面白いと思うものを自然に誰かが遊びのように創っていく空気感がある。

ちなみに社会を変えてやろう思って取り組んだことは一度もない。

機能としては、介護施設、シェアハウス、コミュニティスペース、不動産屋、電気屋、フリースクールなど様々な事業が同じ建物の中に備わっている。看板はあえて作らず、訪れる人は子どもにとっては遊び場、若者にとってはコワーキングスペースや飲み会の場、人によって訪れる目的も違う。

一般社会ではダメ人間と認定されそうな人、TVで見たことある成功者といわれガチな人、外では絶対に出会わないであろう人たちが混在している、不思議なリビングになっている。「日常の登場人物を増やす」という言葉を掲げ、合う・合わないは関係なしにいろいろな人と出会えるのが場の価値でもある。

人との出会いで好きなことやチャレンジしたいことが見えてきたり、逆に苦手なことややりたくないことも見えてくる。自分に合わないものと出会える事も人生を豊かにする大事なエッセンスだと考えている。共感や相互理解という概念はない。

ただ、お互いに無意識下で影響を受けていることもある。

子どもが演歌を聞いていたり、高齢者がAIのロボットで遊んでいたり、世代という感覚が麻痺してくるので、好きも嫌いも本人の感覚通りになる傾向がある。

いつも多世代が集まっている「はっぴーの家ろっけん」1階のリビングフロア

リビングに居る全員が好き勝手に目線を合わせずに過ごしている謎の居心地の良さがあり、お互いがお互いにどうでもいいと思える、過度に干渉も理解もされないが、誰が居ても別に良い寛容性がある。

コンセプトのひとつ「遠くのシンセキより近くのタニン」という言葉通り、一見すると大家族なように見えるが、ほぼ全員が他人である。なんとなくこの場所が好きくらいにしか集まって来る人に共通点はない。

それは、何も血縁を否定してい

る訳ではなく、「自分の近くに居る他人の価値を見つめ直すことで、誰だって少し暮らしやすくなるんじゃない」くらいのゆるい考えが場を包み込んでいる。

みんな普段はバラバラだが、定期的にキュッと固まる瞬間がある。この場所では人が死んでいくからだ。入居している高齢者は基本的に、ほぼ全員がこの場で看取られることを選択する。日常の中で命が穏やかに枯れていく。

いつも何となく顔を合わす、たまに会話を交わしたり、一緒に食事や酒を飲んだりしたこともある、血縁はない高齢者ではあるが、話せるうちに「この前はありがとうね」と言葉を交わしたくなるのが人の心情なのだろう。最近では、最後のお別れ会、つまり通夜や葬儀までリビングで行うことが通常になってきている。

確かに、日常的に関わっていたコミュニティで自然に送る、送られたいというのは自然ではある。「私、もう死にたい」と言っていた不登校児が3か月くらいで「死にたい」という言葉を使わなくなる。

一般的に人が亡くなった時には「悲しい」という言葉を使いがちだ。ここでは

棺桶をみんなで組み立てるのもはっぴー流の日常風景

人が亡くなった時に子どもたちが「ありがとう」と声をかけているのが印象的だ。世間からみるとこの場にいる人たちが優しい人たちの集まりだと勘違いされがちだ。

本質的には人間なんて誰でも一緒で環境要因が人への接し方を変えているだけだと思う。ここにいる人たちは明日もう会えないかもしれないと、世代問わず無意識下で人と接するようになる。

日常の中に顔の見える存在の死が垣間見えることでコミュニティ全体の優しさと寛容性を作り出している気がする。死生観が多様な価値観が混在するコミュニティ全体を繋いでいるという表現がしっくりくるのかもしれない。

これだけ人が集えば当然にトラブルや紛争は起きまくる。もちろん解決できる問題は回避したいところだが、考えても仕方ないことの方がほとんどだ。むしろ人生という枠で考えると解決できない問題の方が多い。全部を解決する時間もないし、本当は放っておいても問題ない事案も結構ある。

生きづらさを抱える人や身体的、精神的にマイノリティの人たちがたくさんいて、問題が多様に重なり合い過ぎて情報過多な日常的に出会うことにより、自分の中の問題放置度合いが寛容になってきたりする。自分独りでは解決しようとしてしんどかったことが、他者の解決し難い問題を見た時、「あの人に比べたら自分は楽だな」とか「あの人は気にし過ぎなんじゃないか」と客観視出来たりする。

はっぴーの家では**「トラブルはお題だ！」**という言葉で何か起きた時に問題解決のアプローチではなく、笑点の大喜利のような創造的なアプローチを楽しんでいる。

例えば、**70代・元写真家のNさん**はパーキンソン病という完治しにくく進行していく病に悩まされており自宅での生活が精神的・身体的にも難しくなっていた。自身の身体機能の低下や芸術家としての将来への不安、解決し難い問題を抱え入居に至った。

Nさんに対して介護や医療のケアは可能、だがそれだけでNさんの今後の人生の明るい目標は立てづらく、メンタルもドン底だった。

こういった時にコミュニティが活きる。彼の写真家としての見識を伝える教室を何度か開催した。参加する若者達は熟成された芸術理論が人気を評し、参加者の満足度もたかく人気の講座になった。Nさん自身も表情が若返り別人のように蘇った。

芸術に長けているNさんは写真だけでなく、自分の人生で聴いてきた音楽を若者に楽しんで欲しいと考えるようになった。相談した結果、若者に音楽を楽しんで聴いてもらうために70代でＤＪになる事を決意した。

約1か月のトレーニングの末、地域の若者のイベントで「はっぴーの家」のフ

すっかりDJになった“Mrパーキンソン”ことNさん

リースクールに通っていた元不登校児Mさんとペアで DJ を披露した。

イベントは大盛況でイベントの度に声が掛かる程になっている。今では自身を「Mr パーキンソン」と名乗り、イベントに積極的にアーティストとして参加している。

Mさんも数年前まではコミュニケーションが苦手で人前に出るのが難しい状態だった。社会の中でケアされる立場であった二人が盛り上げる側になっている逆転現象のような状況が「はっぴーの家」では偶発的に頻繁に起こる。両者の状況を変えたのは共通しており、日常の中で出合う多様な価値観、弱さを寛容に放置していくれるコミュニティが要因になっている。

「多様な死生観に触れざるをえない混沌としているが寛容な日常」とざっくりと言語化するとそんな場所。とくに何か社会を変えようとか戦おうと場の運営をした事は一度もない。むしろ正解でもないし、白黒つけたりするのは好きではない。仏教で例えるなら中庸。圧倒的に何とも戦っていない空気がここには存在する。

最後に、コミュニティという言葉があまり好きではない。それはただの現象や副産物であり、追いかけても意味がないとすら思っている。ただ、世の中的に機能しているコミュニティの共通点を最近見つけた。コミュニティの存在そのものが、まるで人間のように人格や性格が溢れているという共通点だ。

そんな感じで「はっぴーの家」も訪れる人たちが、各々に擬人化した性格を感じているんだと思う。知らんけど。

むすび

本書は当初、2024年の**「コミュニティを深堀りするフォーラム」**が終了してから、2023年分と合わせて10か所のコミュニティ訪問記を中心にゆっくり書く予定でした。

ところが、2023年末より突如書き始めてしまい、何かに憑かれたように、脇目も振らずに、夢中になって短期間で書きあげました。特に急ぐ理由はなく、なぜだかはわからず、自分でも不思議です。目に見えない強力な「うねり」のようなものを感じていました。

その「うねり」を象徴するように、書き始めてすぐにスコットランドにあるフィンドホーンという老舗コミュニティが破綻した、というニュースが飛び込んできました。このニュースは、私にとっても相当にショックでした。

思い返してみると、私たちはコミュニティの代表格としてフィンドホーンを認識しており、多くのコミュニティ関係者の目標になっていました。

ところがそのとき、フィンドホーンはインディゴのシェルターにはなり得なかったんだ……ということにハタと気づきました。そこから、コミュニティの隠された役割と、人類進化の実態と、人間心理の微妙な秘密が次々に見えてきました。

当初の想定と、本書の記述内容は大幅に変わりました。

インディゴの存在は知識としては知っておりましたが、その実態がわかってきたのは彼らの何人かが天外塾に参加し、その鋭い知性と感性に直接触れてからであり、私にとってはここ数年来の出来事です。

インディゴの感性は世の中の一般常識からは、かなりずれているのですが、そのずれ方は人によって少しずつ違います。ところが、嘘や装いに対して敏感で、我慢できないところは、全員共通でした。彼らが生理的に嫌悪しているところをよく見ると、「シャドーのモンスター」の投影で作り上げた「虚飾のポジティブな自分」のようです（2章P36）。そうやってごまかして生きている大人に耐えられないのです。

彼らを見ていると、いかに私たちが表面的なごまかしと忖度で関係性を維持しているかが身につまされます。それを身に着けることを、「社会性を獲得した」あるいは「大人になった」などと呼んで、あたかも成長したようにとらえてきました。当たり障りのない言葉のやり取りを、大人のコミュニケーションだと思っていました。

インディゴは、それが我慢できません。この社会は、嘘と虚構にまみれている！……と、糾弾します。もっと本音をさらけ出して、心の底から通じ合う関係性を求めているのです。だから、「いい人」を装っている人が多い、フィンドホーンのような「グリーン・コミュニティ」は我慢ができないのです。

本書の前半では、コミュニティのひとつの役割として**「次世代社会のひな型」**を提示しています。そのひとつの理想像は、「意識レベル」の高い人が集い、あらゆる人を受け入れ、そこに入ると「意識レベル」が自然に向上し、いつの間にか次世代社会にふさわしい人に変容する……そういうコミュニティがどんどん拡大して次世代社会に育っていく……というシナリオです。

そういうシナリオを推進しているコミュニティが、まだたくさんあります。

ところが、**「コミュニティが拡大して次世代社会に育っていく、というシナリオはどうやらなさそうだ」**ということに気づきました。社会の進化は人類の意識の進化に支えられますが、インディゴなどの進化した人類は、数ある老舗のコミュニティの脇をするっとすり抜けて勝手に生まれて、勝手に育ってきているようなのです。

そういう人たちが次世代社会を構築していくのであって、古い人間が「意識レベル」を向上させて次世代社会を構築していくのではなさそうです。また、「意識レベル」にこだわるコミュニティは、住民が「いい人」を装う傾向が出てきてしまうため、インディゴの居場所にはなり得ないこともわかってきました。

そうすると、「次世代社会のひな型」というコンセプトが、かなり揺らいできました。


もうひとつは、2023年に訪問したコミュニティの責任者たちが、軒並みインディゴ(多分)だったことです。彼らはいまの社会は住みにくいので、自分たちの居場所としてのコミュニティを造らざるを得なかったのかもしれません。そうだとすると、さしあたりいま、人類にとって喫緊に必要とされるコミュニティは、たとえ小規模でもインディゴたちのシェルターなのかな、とも思います。

しかしながら、いまコミュニティ造りに精を出しているインディゴたちの中からは、これからの地球環境や社会環境は大いに荒れるだろう、それに備えているのだ、との声も聞こえてきます。

人によりちょっとずつ違いますが、大災害を含め、地球が大きく揺れること、あるいは、社会がどんでん返しを起こして大変革を起こすことを予想しているコミュニティ・ソースたちが極めて多いのです。

これはおそらく、２０１１年３月11日の大災害の体験が尾を引いていると思われますが、単に資本主義社会の汚さ、醜さから脱出したいという共産主義革命やカウンターカルチャーとは、またちょっと角度の違う動機が出始めているのかもしれません。

いずれにしても、「コミュニティの深堀り」はまだ緒についたばかりであり、今後さらに探求を深めたいと思っています。

コミュニティというのは、ひとつの生き物であり、そこで展開されるさまざまな物語の中に、人間の本質と人類の叡智が潜んでおり、興味が尽きません。

本書をまとめるにあたって、２０２３年の「コミュニティを深堀りするフォーラム」の講師を務めていただいた、滝沢泰平、戸谷浩隆、吉武大輔、坂井勇貴、首藤義敬、松村《まつむら》憲《けん》、鈴木七沖《すずきなおき》など、また、ご討議いただいた工藤シンク、岸浪龍、小野隆司、小川美農《おがわみの》里《り》、片山弘子《かたやまひろこ》、三井紀代子《みいきよこ》などの諸氏に深謝いたします。

文献

1 天外伺朗『マネジメント革命』講談社、2006年
2 天外伺朗『自己否定感』内外出版社、2021年
3 天外伺朗『「正義と悪」という幻想』内外出版社、2022年
4 西泰宏、天外伺朗『人間性尊重型大家族主義経営』内外出版社、2018年
5 天外伺朗『融和力』内外出版社、2022年
6 向谷地生良『「べてるの家」から吹く風』いのちのことば社、2006年
7 天外伺朗『運命のシナリオ』明窓出版、2023年
8 A・ミンデル『対立の炎にとどまる』英治出版、2022年
9 黒田宣代『「ヤマギシ会」と家族』慧文社、2006年
10 由佐美加子、天外伺朗『ザ・メンタルモデル』内外出版社、2019年
11 T・ニクソン『すべては一人から始まる』英治出版、2022年

12 M・B・ローゼンバーグ『NVC 人と人との関係にいのちを吹き込む法』日本経済新聞出版、2012年
13 杉江優滋、宮地昌幸『サイエンズ入門 No.5』サイエンズ研究所、2015年
14 天外伺朗『無分別智医療の時代へ』内外出版社、2017年
15 天外伺朗『実存的変容』内外出版社、2019年
16 天外伺朗『日本列島祈りの旅1』ナチュラルスピリット、2018年
17 天外伺朗『クナト姫物語』ナチュラルスピリット、2018年
18 天外伺朗『出雲王朝の謎を解く!』ナチュラルスピリット、2023年
19 天外伺朗『理想的な死に方』徳間書店、1996年
20 稲葉小太郎『仏に逢うては仏を殺せ』工作舎、2021年
21 フリッチョフ・カプラ『タオ自然学』、工作舎、1979年(原著は1975年)
22 天外伺朗『「超能力」と「気」の謎に挑む』講談社、1993年
23 天外伺朗『ここまで来た「あの世」の科学』祥伝社、1994年
24 天外伺朗、山折哲雄、湯浅泰雄、佐治晴夫、吉福伸逸『心の時代を読み解く』飛鳥新社、2002年

25 Ｋ・ウイルバー『アートマンプロジェクト』春秋社、１９９７年
26 天外伺朗『深美意識の時代へ』講談社、２００２年
27 Ｆ・ラルー『ティール組織』英治出版、２０１８年
28 天外伺朗『人材は「不良社員」からさがせ』講談社、１９８８年
29 並木良和、天外伺朗『分離から統合へ』ナチュラルスピリット、２０１９年

〈著者紹介〉

天外伺朗（てんげ・しろう）

工学博士(東北大学)、名誉博士(エジンバラ大学)。

1964年、東京工業大学電子工学科卒業後、42年間ソニーに勤務。上席常務を経て、ソニー・インテリジェンス・ダイナミクス 研究所(株)所長兼社長などを歴任。現在、「ホロトロピック・ネットワーク」を主宰、医療改革や教育改革に携わり、瞑想や断食を指導。また「天外塾」という企業経営者のためのセミナーを開いている。さらに2014年より「社員の幸せ、働きがい、社会貢献を大切にする企業」を発掘し、表彰するための「ホワイト企業大賞」も主宰していた。

著書に『「ティール時代」の子育ての秘密』『「人類の目覚め」へのガイドブック』『実存的変容』『ザ・メンタルモデル』(由佐美加子・共著)『自然経営』(武井浩三・共著)『幸福学×経営学』(小森谷浩志・前野隆司・共著)『人間性尊重型 大家族主義経営』(西泰宏・共著)『無分別智医療の時代へ』『「自己否定感」』『「融和力」』『「正義と悪」という幻想』(いずれも小社刊)など多数。

シン・コミュニティ論

発 行 日　２０２４年１０月１日　第１刷発行

著　者　天外伺朗
発 行 者　清田名人
発 行 所　株式会社内外出版社
〒110-8578 東京都台東区東上野2-1-11
電話 03-5830-0368（企画販売局）
電話 03-5830-0237（編集部）
https://www.naigai-p.co.jp

装　幀　福田和雄
本文デザイン&DTP　中富竜人
カバーイラスト　工藤シンク
校　正　馬場 環
編　集　鈴木七沖
印刷・製本　中央精版印刷株式会社

Printed in Japan
ISBN 978-4-86257-709-2 C0030